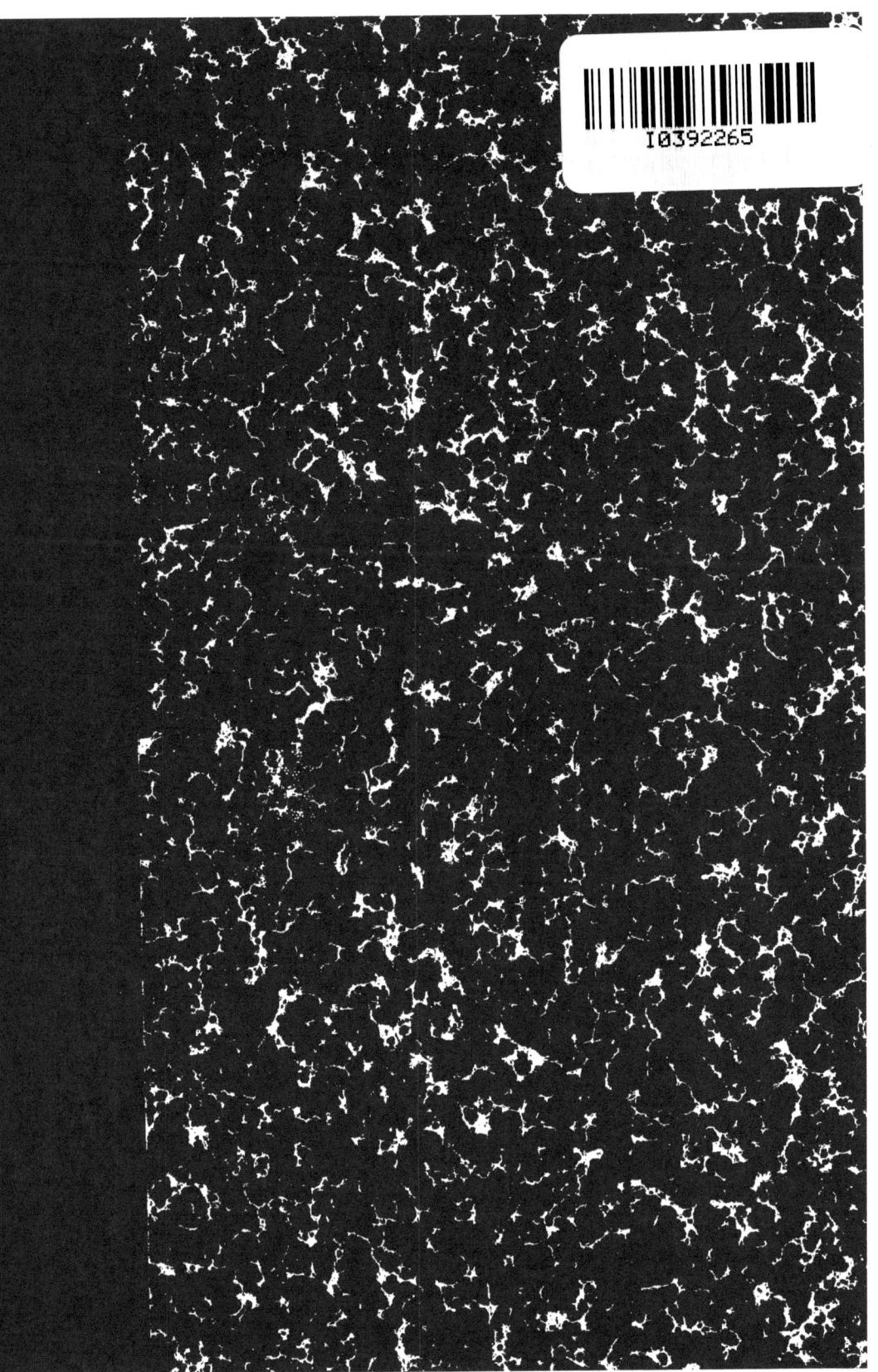

I0392265

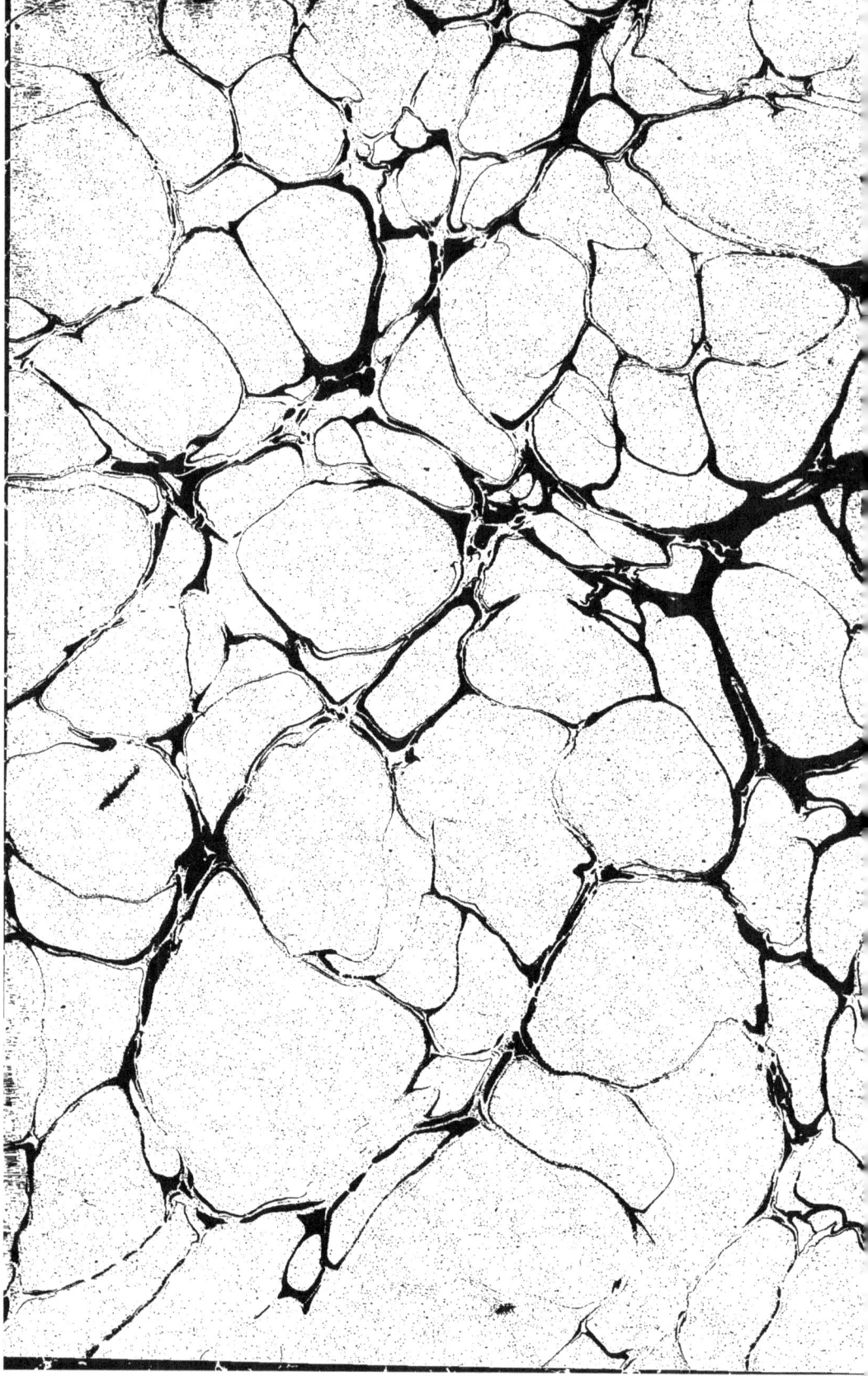

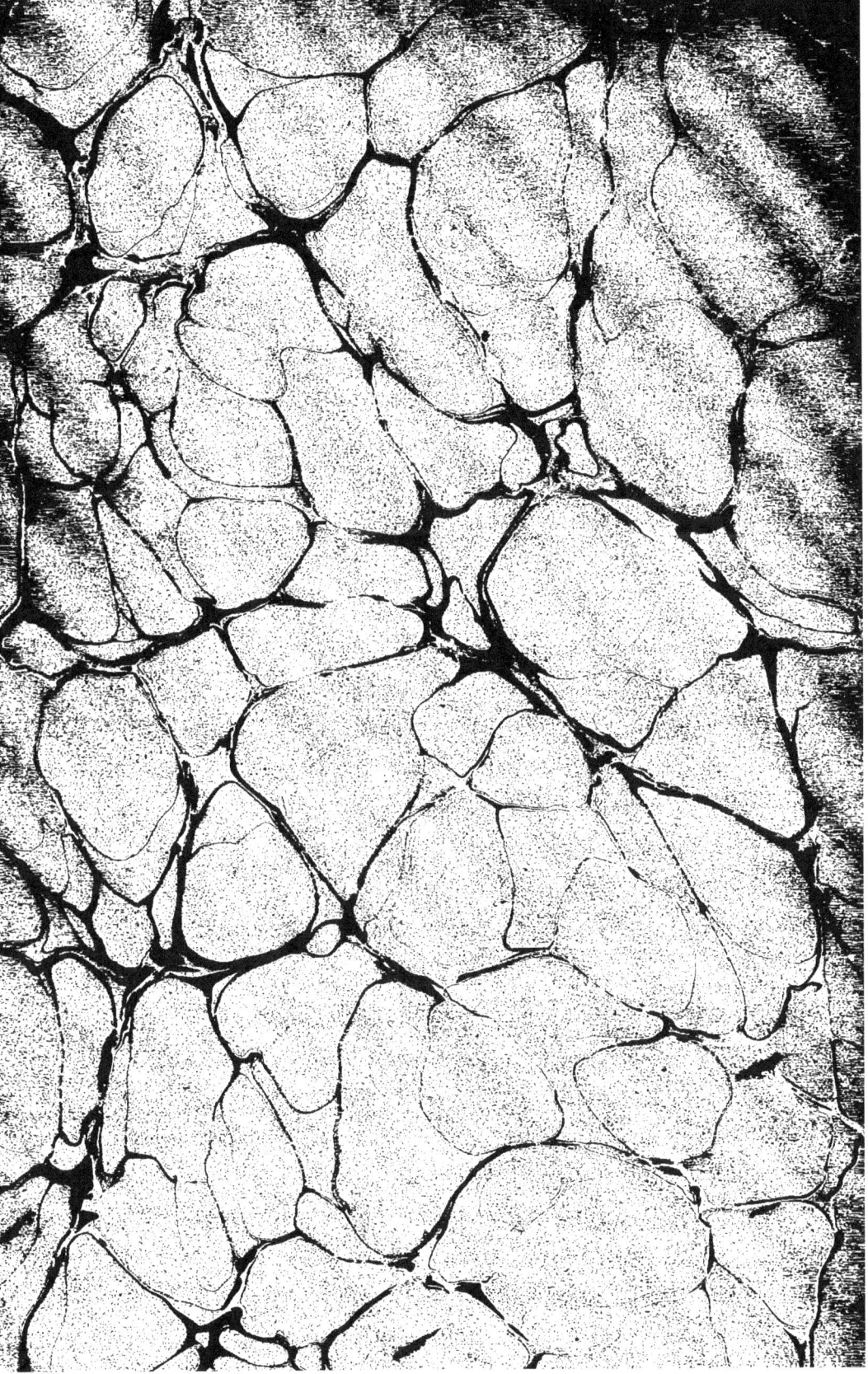

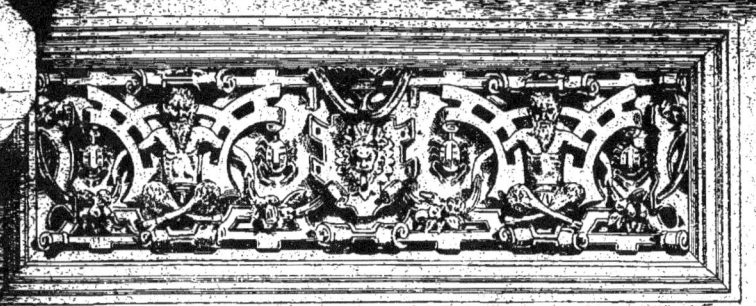

DESSINS ET MODÈLES

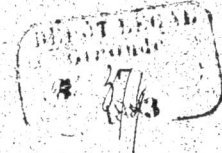

LES ARTS DU BOIS

(Sculpture sur Bois — Meubles)

NOTICE

PAR M. ALFRED DE LOSTALOT

Album comprenant 175 Gravures

TROISIÈME ÉDITION

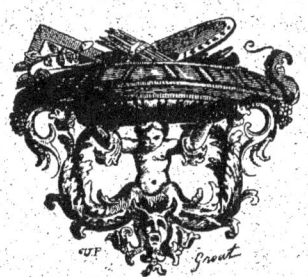

PARIS

BIBLIOTHÈQUE DE LA *GAZETTE DES BEAUX-ARTS*

J. ROUAM & Cie, éditeurs

14, RUE DU HELDER, 14

DESSINS ET MODÈLES

LES ARTS DU BOIS

ALBUMS FORMANT LA COLLECTION

DES

DESSINS ET MODÈLES (1ʳᵉ Sᴇ́ʀɪᴇ)

ALBUMS FORMANT LA COLLECTION

DES

BEAUX-ARTS (2ᵉ Sᴇ́ʀɪᴇ)

En préparation :

III. La Renaissance.

IV. Les Temps modernes.

V. Le XIXᵉ Siècle.

BORDEAUX. — IMP. G. GOUNOUILHOU, RUE GUIRAUDE, 11

PARIS. — RUE DE RICHELIEU, 101.

DESSINS ET MODÈLES

LES ARTS DU BOIS

(Sculpture sur Bois — Meubles)

NOTICE

PAR M. ALFRED DE LOSTALOT

Album comprenant 175 Gravures

TROISIÈME ÉDITION

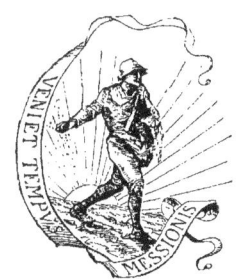

PARIS

BIBLIOTHÈQUE DE LA *GAZETTE DES BEAUX-ARTS*

J. ROUAM & Cie, éditeurs

14, RUE DU HELDER, 14

NOTICE HISTORIQUE

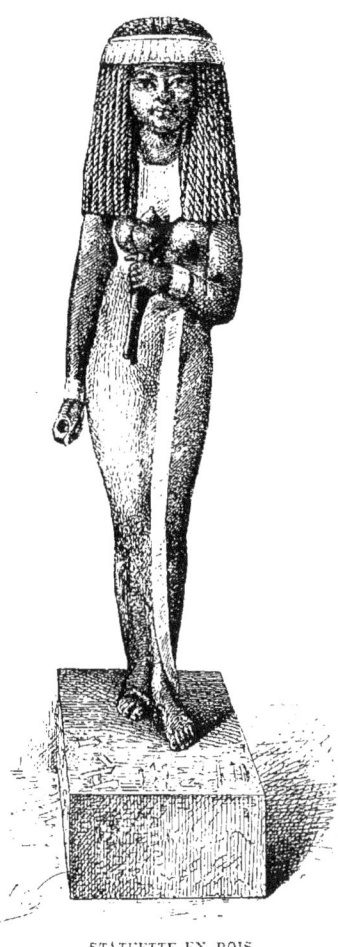

STATUETTE EN BOIS
DE L'ANCIENNE ÉGYPTE
(Musée du Louvre.)

Les origines de l'art et de l'industrie des bois ouvrés se perdent dans la nuit des temps. L'homme primitif, naturellement porté par le souci de son existence à faire arme de tout ce qui lui tombait sous la main, sut rapidement tirer parti des branches d'arbres des forêts qui l'abritaient. Et comme le bois est la matière première qui offre le moins de résistance au travail, il put facilement y tracer les premières manifestations de ce goût du décor qui est inné à l'espèce humaine. On a retrouvé des manches de haches et des fusées de flèches qui portent des entailles symétriques et parfois de naïfs dessins enlevés à la pointe d'un éclat de silex. Certaines figures gravées sur des omoplates ou des cornes de cerf et de renne accusent les progrès rapides accomplis dans la voie de l'art : le sentiment artiste n'est pas nécessairement le produit d'un état de civilisation avancé; nos premiers pères ont connu ce sentiment à une époque où ils vivaient dans un état de complète barbarie.

Nous venons d'indiquer sommairement les origines du dessin et même de la gravure; celles de la sculpture doivent être contemporaines; les premiers monuments que l'on connaisse sont de grossières idoles faites d'un bloc de bois à peine équarri, ou même d'une simple planche découpée, comme on en a retrouvé à Délos.

On devine ce que pouvait être l'ameublement chez les habitants
des cavernes ou les peuplades des cités lacustres! Tous les peuples
enfants se ressemblent; pour se renseigner, il n'y a qu'à consulter
les récits des voyageurs au sujet des mœurs des hordes sauvages
encore éparses dans certaines contrées du globe.

Laissant de côté les temps préhistoriques, sur lesquels nos con-
naissances sont toutes nouvelles et, par conséquent, peu étendues,
nous arrivons à l'étude de la civilisation la plus ancienne, ou du
moins la plus anciennement connue. Ici les documents abondent. La
vieille Égypte a laissé un grand nombre d'œuvres créées par ses
artistes et par ses ouvriers; d'autre part, elle a pris soin de figurer
sur les murs de ses temples et dans l'intérieur de ses tombeaux une
histoire complète de ses mœurs et de ses usages; il n'y a donc pas de
lacune à combler de ce côté. Il ressort de l'étude de ces divers documents que les anciens Égyptiens étaient particulièrement habiles dans
l'art de tailler le bois; les plus vieilles statues que l'on ait conservées
sont précisément des statues de bois recueillies sur le sol égyptien,
et l'on admire avec raison le profond sentiment de vie et de réalité
dont elles sont imprégnées. Quant aux objets mobiliers, ils ne sont
pas moins remarquables : à l'élégance du galbe ils joignent la richesse
et le soin de la décoration; certains sont incrustés de faïence ou
d'émaux, d'ivoire et d'ébène, ou décorés de fines peintures. On voit
dans plusieurs musées, et notamment au Louvre, toutes sortes de
meubles : lits, sièges, tabourets, pliants, terminés par des pieds de
lion, de taureau ou de gazelle; les parties montantes portent des têtes
de ces animaux. Quant aux coffres de momies, ce sont d'excellents
ouvrages d'ébénisterie, décorés avec beaucoup d'élégance. Les
Égyptiens des premiers âges s'inspiraient de la nature; plus tard ils
subirent les lois décoratives fixées par la religion, ou se laissèrent
aller à imiter les arts de l'étranger : ce fut l'origine de leur décadence.

Les produits de l'antique Assyrie dans les arts du bois sont très
rares, mais on a retrouvé de magnifiques plaques de revêtement en
bronze ou en ivoire sculpté qui donnent une idée des richesses mobi-
lières entassées dans le palais des rois Achéménides, à Suse et à
Ecbatane. Les formes et les procédés de décoration des ustensiles
d'usage commun, des meubles, sont à peu près les mêmes en Assyrie
et en Égypte, ce qui s'explique par les relations constantes des deux
pays. Il en est de même pour divers objets trouvés en Phénicie et en
Palestine; ils portent à la fois la marque des deux grands peuples
qui tour à tour ont dominé ces pays. La Judée était d'ailleurs un lieu
de passage pour les caravanes qui allaient d'Égypte et d'une partie
des Indes aux villes de l'Asie-Mineure.

La Grèce, tributaire de l'Orient dans le principe, n'eut un art propre que le jour où son indépendance politique fut bien établie. Les premières statues qu'elle éleva dans ses temples étaient des statues de bois. On trouve dans Homère de pompeuses descriptions qui donnent une haute idée de la richesse des matières employées à la confection et à la décoration des trônes, des trépieds, des sièges et des lits. Mais ce n'est pas le bois, c'est l'airain qui, la plupart du temps, forme l'ossature de tous ces meubles. Dans Pausanias, il est question pour la première fois d'un véritable meuble d'art en bois : c'est un coffret de cèdre sculpté que l'on voyait au vie siècle avant notre ère, dans le trésor d'Olympie. Les tombeaux du Bosphore Cimmérien nous ont restitué, par bonheur, quelques beaux spécimens de l'art du bois, de provenance grecque évidente : ces débris témoignent du goût et de l'habileté des artisans du ive siècle, époque à laquelle on les fait remonter : ce sont un trépied de bois de cyprès, la partie centrale d'une lyre de bois portant des figures tracées à la pointe, et surtout un magnifique cercueil décoré de rinceaux, de figures en relief, de marqueterie et d'ornements polychromes.

Les Romains, héritiers directs et continuateurs de la civilisation grecque, ont porté au dernier point le luxe des objets mobiliers. On a des renseignements précieux à ce sujet par les récits de Pline l'Ancien, et d'ailleurs les fouilles opérées en Italie, surtout celles qui ont abouti à la résurrection d'Herculanum et de Pompéi, ont mis à jour une telle quantité d'objets intacts et de débris qu'il est facile de reconstituer la vie intérieure des Romains dans tous ses détails.

A vrai dire, parmi ces objets il en est peu qui appartiennent en propre à la matière dont nous nous occupons. Chez les Romains, comme chez les Grecs leurs maîtres, qui avaient continué à leur fournir des modèles et des artistes, le bois ne jouait souvent qu'un rôle secondaire dans la confection du mobilier : les lits, les tables, les sièges et les trépieds parvenus jusqu'à nous sont faits de bronze plein fondu et ciselé ou de plaques reposant sur un bâti de bois. Sans doute, l'art de l'ébéniste et du sculpteur ont dû également produire des œuvres remarquables, le témoignage de Pline et de Cicéron en fait foi, mais les spécimens en sont fort rares : l'Italie, tant de fois ravagée par la guerre, qui traîne à sa suite le pillage et l'incendie, a vu périr tout ce qui était facilement périssable.

Le style romain, dérivé du style grec, lui ressemble à ce point qu'il est souvent difficile de se prononcer sur l'origine véritable d'un objet; d'ailleurs, nous l'avons dit, dans Rome florissante l'art et les industries qui en dérivent étaient le plus souvent dans les mains de Grecs expatriés volontairement ou par force. Quoi qu'il en soit, le mobilier de cette époque est absolument remarquable au double point de vue de l'élégance et de la commodité. Les Romains ont connu la plupart des meubles que nous employons aujourd'hui, si ce n'est peut-être les meubles à tiroirs, et nous leur avons emprunté presque littéralement certaines formes.

L'ameublement religieux des premiers siècles du christianisme continue avec évidence les traditions artistiques du paganisme; mais l'art lui-même a sombré·dans la chute de l'empire romain; les invasions des Barbares achevèrent de détruire ce que les adeptes du culte nouveau avaient laissé debout. Cependant la fondation de Byzance par Constantin offrit un dernier refuge aux chefs-d'œuvre du passé et aux artistes qui étaient dignes d'en créer de nouveaux.

Quand l'empire d'Orient sombra à son tour sous les coups d'autres barbares, la conquête définitive de Constantinople par les Turcs, en 1453, ne fut pas un malheur irréparable : elle arriva trop tard pour porter un coup définitif à la civilisation antique. Une renaissance avait pu se produire déjà dans une partie de l'Europe; elle renoua la chaîne des traditions et sauva le monde de la barbarie.

Nous ne savons rien des Gaulois, nos ancêtres, avant la conquête romaine; cependant la qualité de certains objets trouvés dans les tombes établit péremptoirement qu'ils étaient déjà parvenus à un degré assez avancé de civilisation. Vaincus, ils s'assimilèrent rapidement les mœurs des conquérants.

On conserve à la Bibliothèque nationale un fauteuil dit de Dagobert : ce n'est autre chose qu'une chaise curule, à la façon romaine, en bronze doré, dont le dossier a dû être ajouté quelques siècles plus tard. L'art des époques qui suivirent, entravé par les guerres continuelles, ne prit en France un caractère original que du jour où il y eut un pouvoir central assez fort pour assurer la sécurité de la population. Plus tard, la renaissance des corporations laïques, au XIIe siècle, l'affranchit des formules hiératiques conservées dans les couvents : de cette époque datent les manifestations vraiment notables de notre génie national débarrassé de tout alliage étranger.

Il arrive souvent qu'un meuble grossier est décoré de magnifiques peintures en fer forgé : c'est que l'art de la ferronnerie était considérablement en avance sur celui du meuble : cet art est à son apogée au XIIIe siècle.

Les premiers « huchiers » dont on ait conservé les noms sont Jehan le Mestre et Grandin. Primitivement associés aux charpentiers, les huchiers formèrent bientôt une corporation distincte, et cette émancipation définitive fut le signal d'une véritable rénovation du meuble d'art et du bois sculpté. C'est le moment où va commencer la création des magnifiques retables et des stalles de chœur qui ornent nos vieilles cathédrales.

Jusqu'à la fin du xv⁰ siècle, on ne connut guère dans les demeures seigneuriales que les meubles portatifs; le maître, en changeant de résidence, emportait tout avec lui dans des coffres que l'on transportait sur des chariots ou même à dos de cheval; aussi employait-on surtout le bois de chêne à cause de sa solidité, et les meubles étaient-ils faits de pièces faciles à démonter.

L'art de l'ébéniste commence au xvi⁰ siècle; jusque-là on s'était borné à décorer le bois plein, d'abord de motifs d'ornement, puis de médaillons en relief et de figures abritées sous des niches ogivales plus ou moins ornées : c'était affaire au menuisier et au sculpteur sur bois d'établir ces meubles; comme style, ils imitaient les admirables travaux dont les tailleurs de pierre décoraient les porches des églises. De tout temps, d'ailleurs, le meuble a été plus ou moins sous la dépendance de l'architecture : c'est à elle qu'il emprunte ses formes essentielles et le caractère de sa décoration.

Pour les diverses raisons que nous avons exposées sommairement, les sculptures sur bois et les meubles de fabrication antérieure au xvi⁰ siècle sont d'une extrême rareté. On en conserve de magnifiques spécimens dans les églises et dans les musées, mais les collections particulières en sont à peu près dépourvues, ou du moins n'y rencontre-t-on que des pièces d'une authenticité douteuse.

La première moitié du xvi⁰ siècle est une époque particulièrement féconde dans l'histoire de notre art national. Il n'est pas de province, de ville un peu importante qui ne possède des sculpteurs, des ornemanistes en tous genres, et beaucoup des œuvres que nous a léguées la France de cette époque sont d'une absolue perfection tant au point de vue de la richesse du travail que du goût exquis dont cette richesse est relevée. Dans les travaux du bois qui nous occupent spécialement, de grands progrès ont été accomplis; les ouvriers commencent à faire leur tour de France; leur goût et leur habileté technique se développent en voyant ce qui se fait en dehors de leur petit centre industriel; ils profitent des leçons de l'étranger sans abdiquer devant lui, comme ils le feront malheureusement plus tard. L'art s'imprègne ici d'un sentiment allemand, là d'un sentiment italien, mais il ne cesse pas d'être français; la comparaison développe le sens critique de nos nationaux, et ils y gagnent de voir s'élargir le champ de leurs facultés artistiques en même temps qu'une sensible épuration de leur goût.

Quoique ces migrations ouvrières aient amené une certaine confusion dans les styles régionaux de la France, il est possible de déterminer la provenance géographique de la plupart des sculptures en bois et des meubles de la Renaissance. Certains caractères communs à des écoles voisines n'empêchent pas, dans la plupart des cas, de dresser en quelque sorte leur acte de naissance; on retrouve dans leur signalement des marques particulières à tel ou tel groupe, et dont l'ensemble équivaut à un certificat d'origine. L'espace réservé à cette notice ne nous permet pas de nous étendre sur ce sujet; nous devons nous borner à quelques explications sommaires. Les meubles de la Normandie, par exemple, se distinguent à la fermeté de leur exécution et au caractère particulièrement dramatique des figures. Les ouvriers du nord de la France travaillaient surtout dans le chéne; la rudesse de cette essence se prête mal aux délicatesses de l'outil. Ceux de la Bourgogne et du Midi, employant des matières plus souples, ont pu se livrer à toutes les fantaisies décoratives et apporter dans leur facture un fini d'exécution qui rappelle les travaux de ciselure sur métaux. L'école de la Touraine, influencée par l'exemple qu'apportaient les artistes et les ouvriers amenés d'Italie par Charles VIII et ses successeurs, sacrifie surtout à l'élégance et emprunte ses sujets à l'antiquité classique.

Dans la seconde moitié du XVIᵉ siècle, la composition des meubles ést empruntée aux édifices élevés par les architectes : Jean Bullant, Pierre Lescot et Philibert Delorme fournissent les dessins. Pour les figures on s'inspire des sculptures de Jean Goujon, qui par leurs formes gracieuses et allongées, modelées à fleur de bois, se prêtaient admirablement à la décoration des meubles. L'école dite de Fontainebleau, qui comprend beaucoup d'artistes parisiens, a produit des merveilles en ce genre.

A Lyon florissait l'art de la gravure sur bois; les sculpteurs et les ébénistes vont prendre leurs modèles dans les dessins des maîtres du genre, Pierre Woeriot et Bernard Salomon; les meubles sont incrustés à l'italienne ou sculptés d'arabesques en relief; d'autre part, le voisinage de la Bourgogne se manifeste par l'introduction dans les meubles lyonnais de ces sculptures puissantes et contournées, mascarons, cariatides, satyres, etc., dont son école, fameuse entre toutes, usa jusqu'à l'abus.

L'Italie, plus favorisée que nous par sa situation géographique, a pu entretenir des rapports constants avec l'Orient, qui fut le dernier foyer de lumière qùi ait brillé en Europe pendant les premiers siècles du moyen âge. Aussi sa Renaissance, ce mot entendu comme le retour au culte de l'antiquité classique, est-elle de plus ancienne date que la nôtre. Nous n'avons pas à nous en plaindre puisque notre ignorance prolongée de ce qu'avaient fait les Grecs et les Romains nous a valu une magnifique floraison du génie national, ainsi qu'en témoignent les sculptures et l'architecture de nos vieilles églises, les miniatures de nos manuscrits et les trop rares épaves de nos industries d'art au moyen âge.

L'art de la mosaïque, qui n'a jamais cessé d'exister en Italie, la tradition en étant conservée par les ouvriers amenés de Byzance, eut une influence décisive sur le mode d'ornementation de l'ameublement italien; les meubles des basiliques primitives furent décorés de mosaïques en bois de couleurs à l'imitation des mosaïques de verres qui décoraient les murs. Le goût de la polychromie s'étendit aux meubles domestiques : Sienne et Florence fabriquèrent une grande quantité de ces coffres ou *cassoni*, dont la décoration est obtenue moins par la sculpture que par la peinture et la marqueterie. Les travaux de sculpture, on les retrouve dans les portes et les boiseries de chœur de certaines églises de la Péninsule. A l'encontre de ce qui se passe chez nous, on connaît les auteurs de ces magnifiques ouvrages; les plus grands sculpteurs du XIIIᵉ au XVᵉ siècle y ont attaché leurs noms, en même temps que les plus renommés parmi les peintres ne dédaignaient pas de décorer les coffres, les bahuts, les tables qui composaient l'ameublement des particuliers.

Au XVIᵉ siècle, la sculpture sur bois prend un développement considérable dans l'ameublement civil italien : on possède, de cette époque, des coffres, des chaises, des cadres de miroir, des soufflets travaillés avec un goût exquis. L'Italie possédait, et possède encore aujourd'hui, des praticiens d'une habileté consommée; elle n'a plus, malheureusement, les artistes d'autrefois. Ses œuvres modernes du bois, comme celles du marbre, ne se recommandent guère que par le fini du travail; c'est le triomphe du parfait poli, mais l'art en est absent.

L'histoire du bois ouvré, en Espagne, n'est pas encore faite; on sait cependant que les Maures y pratiquaient l'art du relief et de la décoration avec une étonnante perfection. Bientôt une fusion se fit entre les conquérants et le peuple soumis à leurs lois, et de cette fusion naquit un style mixte, à la fois mauresque et chrétien, où le sentiment décoratif des deux races s'amalgame en des œuvres précieuses dont on a conservé quelques spécimens. Plus tard, quand l'Espagne eut définitivement expulsé les envahisseurs qui l'avaient dominée durant plusieurs siècles, la Renaissance s'y accomplit comme dans les autres pays de l'Europe.

De cette époque, du XVᵉ siècle jusqu'à la fin du XVIᵉ, datent ces merveilleuses boiseries que l'on admire dans les églises d'Espagne. Il faut dire que toutes ne sont pas dues à des artistes espagnols : les rois catholiques appelèrent à eux un certain nombre d'artistes français, italiens et flamands, dont on a conservé les noms.

En Allemagne, d'importants travaux du bois remontent à des époques très éloignées; au XIIIᵉ siècle apparaissent sur les meubles les premières figures sculptées; jusque-là on s'était borné à les

décorer de dessins ou d'ornements en relief. L'art allemand se dis-
tingue par une certaine rudesse, un sentiment très naturaliste et un
besoin souvent outré d'expression : les formes, un peu lourdes, man-
quent d'élégance, mais les sculptures sont très vivantes.

L'art du bois dans les Flandres présente d'étroites analogies avec
l'art allemand : c'est le résultat naturel d'un voisinage géographique.
Les Flamands ont produit une innombrable quantité de meubles
sculptés, surtout au xv⁰ siècle; et comme ils voyageaient facilement,
on retrouve leur main dans beaucoup d'ouvrages célèbres disséminés
un peu partout. Ils savaient, d'ailleurs, s'approprier le style des pays
où ils travaillaient; aussi ont-ils rendu difficile la tâche des historiens
et des critiques en matière d'origines et d'attributions.

Au commencement du xvii⁰ siècle on abandonna définitivement
dans la composition des meubles le style sévère des menuisiers-
sculpteurs de la Renaissance : la mode fut aux meubles riches; la
décoration passa des mains des sculpteurs à celles des ébénistes, qui
appelèrent à leur aide les graveurs, les serruriers, les gainiers, les
orfèvres, puis les doreurs et les tapissiers. On employa les bois exo-
tiques, les revêtements de pierres dures, les incrustations diverses,
les cuirs repoussés ou imprimés, les métaux gravés ou damasquinés.
L'antique dressoir fit place au cabinet et à l'armoire; la marqueterie
de cuivre et d'écaille, qui allait illustrer le nom de Boulle, nous montre
ses premiers essais. L'ameublement, sous Louis XIII, se ressent du
goût flamand : la France retrouvera son originalité quelques années
plus tard, et c'est elle, au xviii⁰ siècle, qui imposera son goût à toute
l'Europe.

Le lit, un peu négligé jusque-là, prend une importance considérable dans l'ameublement; c'est le moment où s'introduit, dans la
demeure des grands, la mode de l'alcôve; ici, l'ébéniste ne joue qu'un
rôle secondaire : la décoration du lit appartient au tapissier, qui,
bientôt, va également revendiquer les sièges et les canapés.

Le nom de Boulle apparaît dans les dépenses des bâtiments royaux
à partir de l'année 1673. Les meubles somptueux qu'on lui doit
atteignent aujourd'hui des prix extravagants; ce sont, à coup sûr,
des chefs-d'œuvre d'ébénisterie, mais il est permis de ne pas les
trouver irréprochables au point de vue de l'art. Quoi qu'il en soit, ce
grand nom de Boulle domine l'histoire du mobilier sous Louis XIV.

Dans les premières années du xviii⁰ siècle, la mode se porta vers
les placages de bois satiné, enrichis de cuivres ciselés qui sont incon-
testablement d'un goût plus léger. Le règne du sculpteur va recom-
mencer, mais son art s'exercera beaucoup moins sur le bois que sur
le bronze, sauf dans certains meubles : les tables, les consoles, les

torchères qui continueront à être en bois sculpté, doré il est vrai,
pour donner l'illusion du métal.

D'autre part, on rechercha avidement, pour en décorer les meubles, les laques de la Chine ou du Japon, et comme ils coûtaient fort
cher, on s'ingénia à trouver des vernis pouvant les suppléer et surtout
recevoir une décoration plus en rapport avec le goût général, c'est-à-
dire des pastorales, des scènes galantes ou des épisodes mythologi-
ques. Les peintres-vernisseurs Martin ont décoré ainsi une quantité
de meubles, notamment des chaises à porteurs. Il se produit à notre
époque ce qui s'est produit sous le règne de Louis XV : l'engouement
passager dont le Japon fut l'objet, dans ces dernières années, a remis
à la mode les vernis Martin.

L'histoire a recueilli les noms à jamais célèbres des sculpteurs qui
ont orné de si admirables bronzes les meubles du xviiie siècle : les
Caffieri, Pierre Lepautre, Charles Cressent, Gouthière, brillent au
premier rang. A côté d'eux, il convient de citer l'ébéniste Riesener,
qui partage leur gloire : on lui doit d'incomparables chefs-d'œuvre.
Riesener a porté au dernier degré de la perfection l'art du meuble,
et ce n'est pas sans raison que les amateurs se disputent à prix d'or
la moindre des œuvres qui portent son nom.

Sous la République, et même jusqu'au commencement de l'Empire,
on continua à pratiquer le style Louis XVI, mais les grands praticiens
étaient morts ou avaient émigré. En même temps, il y eut une sorte de
renaissance nouvelle, c'est-à-dire un retour à l'imitation de l'antique ;
on en retrouve déjà les premières traces à la fin du règne de Louis XVI.
C'en était fait de la grâce et de l'exquise fantaisie qui avaient porté si
haut la renommée du mobilier français ; sous prétexte de simplicité,
d'austérité, le meuble se fit lourd, massif, disgracieux et ridiculement
prétentieux ; l'acajou, qui avait commencé à être en faveur pendant le
siècle précédent, régna sans partage. Bonaparte, qui avait rapporté
de ses campagnes d'Égypte et d'Italie une fausse admiration du passé,
fut, avec le peintre David, l'auteur principal de ce revirement : il
chargea les architectes Percier et Fontaine de dessiner pour les palais
nationaux des motifs de décoration et d'ameublement dans le sentiment antique. La mode nouvelle était fixée ; elle a régné, sans
changement d'importance dans son caractère général, jusqu'à la fin
du règne de Louis-Philippe.

Vers la fin du second Empire, le style du xviiie siècle reprit faveur ;
on se mit à rechercher avidement toutes les étapes de cette époque si
glorieuse dans l'histoire de l'art français, et les ébénistes, pour satis-
faire leur clientèle, s'ingénièrent à copier les beaux modèles épars
dans nos musées et nos palais nationaux. Notre époque se complaît,

d'ailleurs, dans l'imitation du passé, car l'engouement pour les meubles de la Renaissance n'est pas moindre, et voici qu'on se met à rechercher les meubles du premier Empire. S'il est vrai que nos facultés créatrices semblent sommeiller, la faute en est beaucoup à nos riches amateurs; nous les savons malheureusement peu portés à encourager les innovations; or, l'industrie du bois et toutes les industries d'art sont à la merci du capital. Et voilà pourquoi l'homme qui, imposant son goût au goût du public, créera le style du XIXe siècle, est encore à venir; comme nous touchons à la fin de ce siècle, cette création nous semble très hypothétique. Continuons donc à meubler nos appartements dans ce goût hybride qui va de la Renaissance au XVIIIe siècle, avec additions empruntées à l'Empire, aux modes anglaises ou à l'Extrême Orient.

ALFRED DE LOSTALOT.

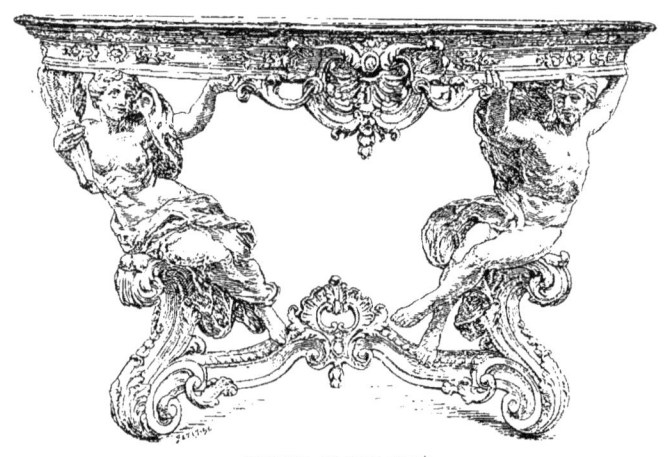

CONSOLE EN BOIS DORÉ
COMPOSÉE ET EXÉCUTÉE PAR M. BLANQUI.

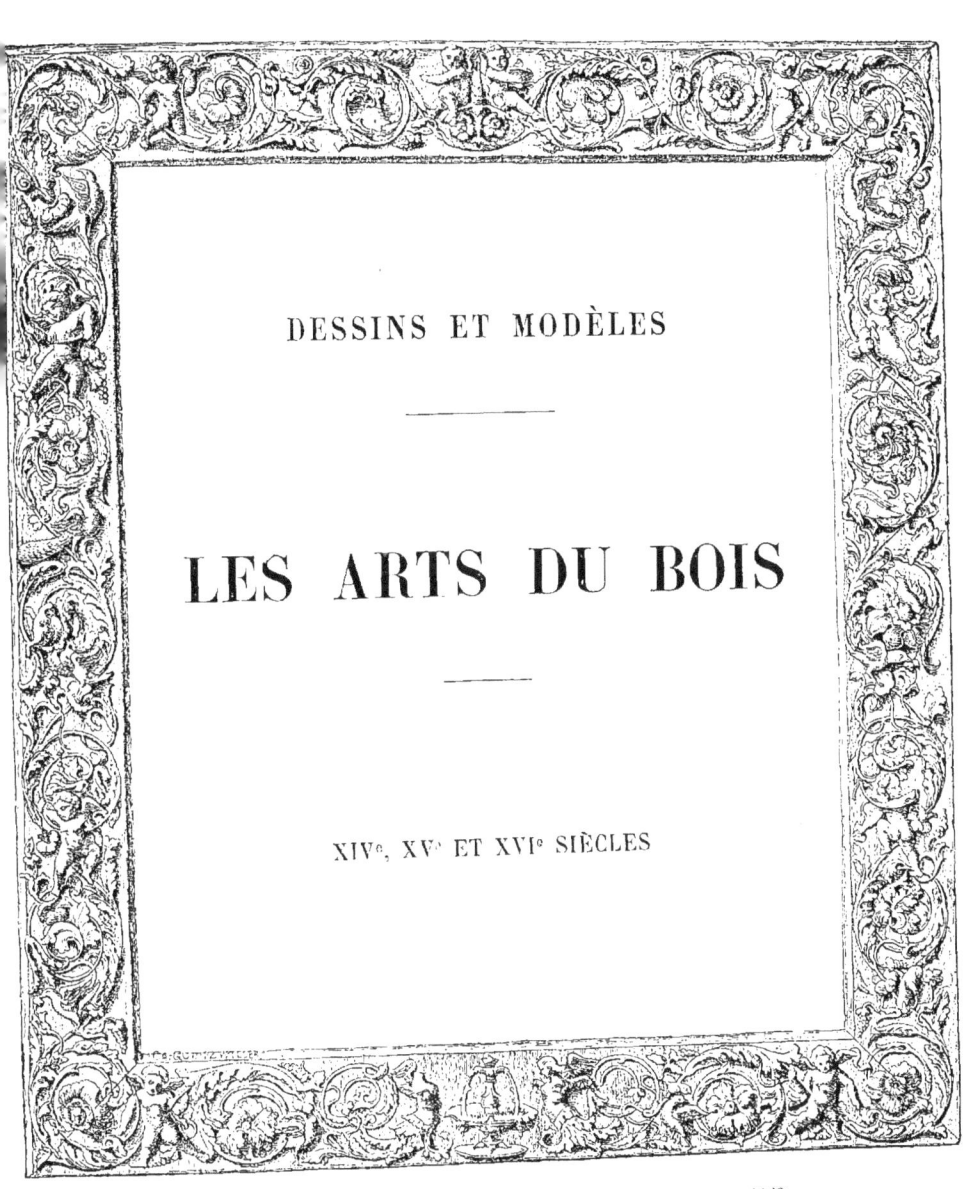

DESSINS ET MODÈLES

LES ARTS DU BOIS

XIVᵉ, XVᵉ ET XVIᵉ SIÈCLES

CADRE DE MIROIR EN BOIS SCULPTÉ, PAR ANTONIO BARILI (ITALIE, 1480).

(Appartenant à M. Vaughan, de Londres.)

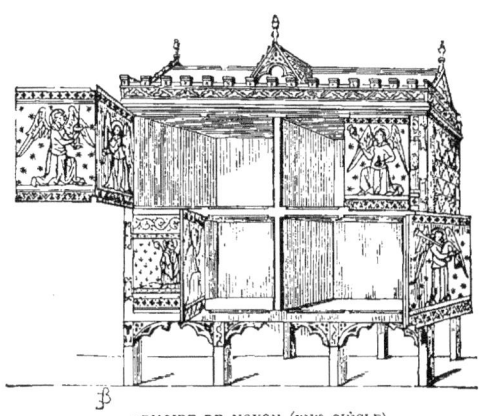

ARMOIRE DE NOYON (XIVᵉ SIÈCLE).

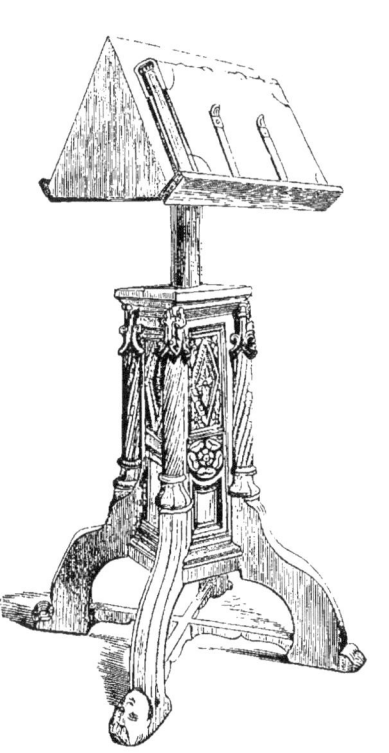

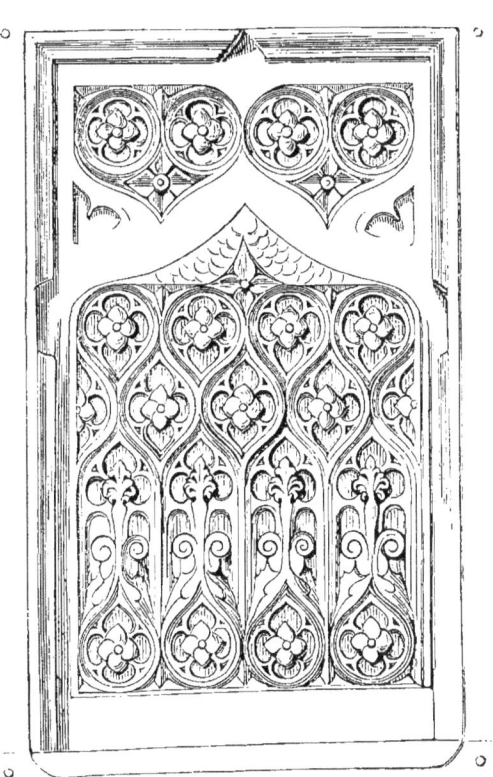

LUTRIN DE BOIS.

PANNEAU DE BOIS SCULPTÉ (XVᵉ SIÈCLE).

LES ARTS DU BOIS.

3

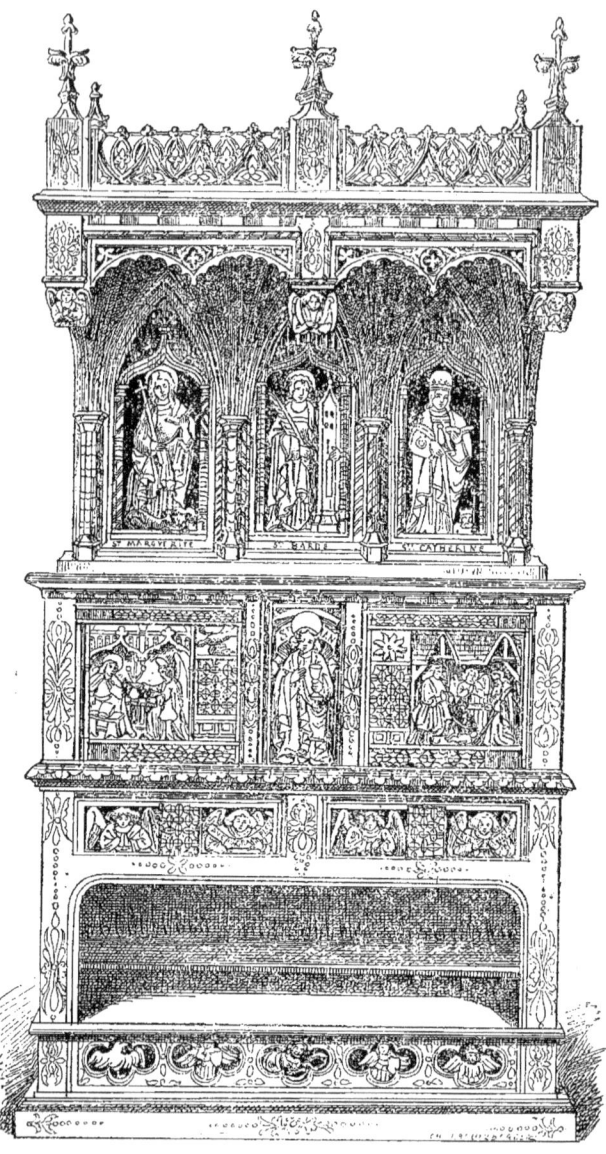

CRÉDENCE EN BOIS SCULPTÉ ET PEINT, TRAVAIL FRANÇAIS DU XVᵉ SIÈCLE.

(Collection Basilewski.)

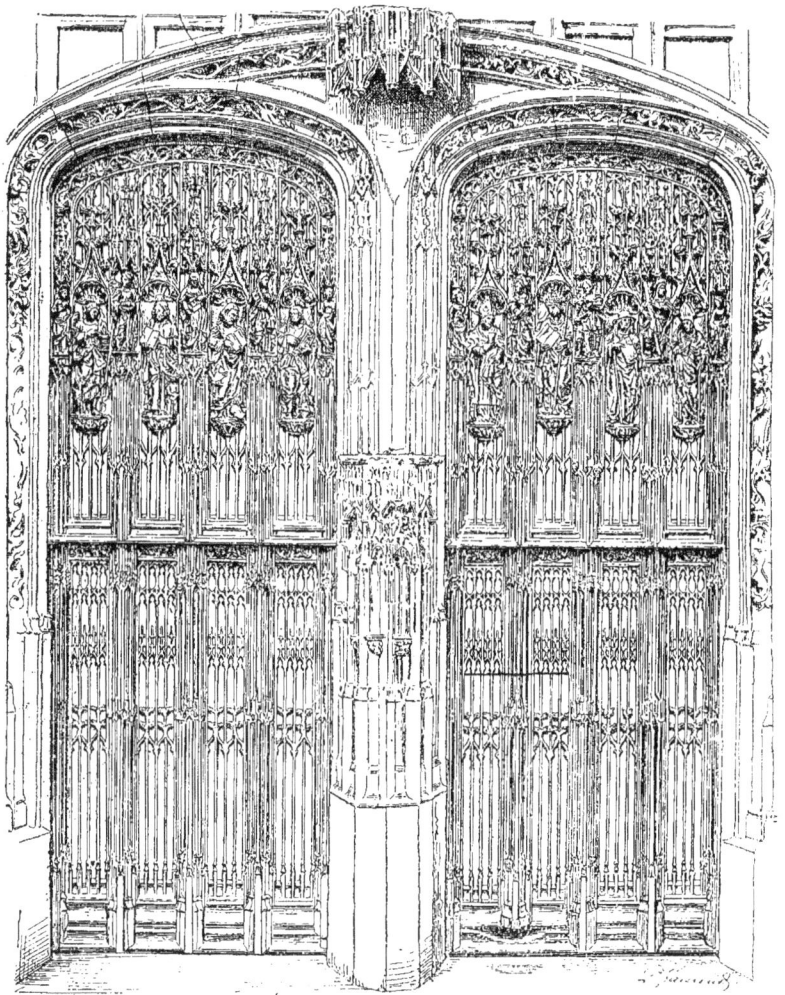

PORTES EN BOIS DE LA CATHÉDRALE DE BEAUVAIS, TRANSEPT SEPTENTRIONAL (XVᵉ SIÈCLE).

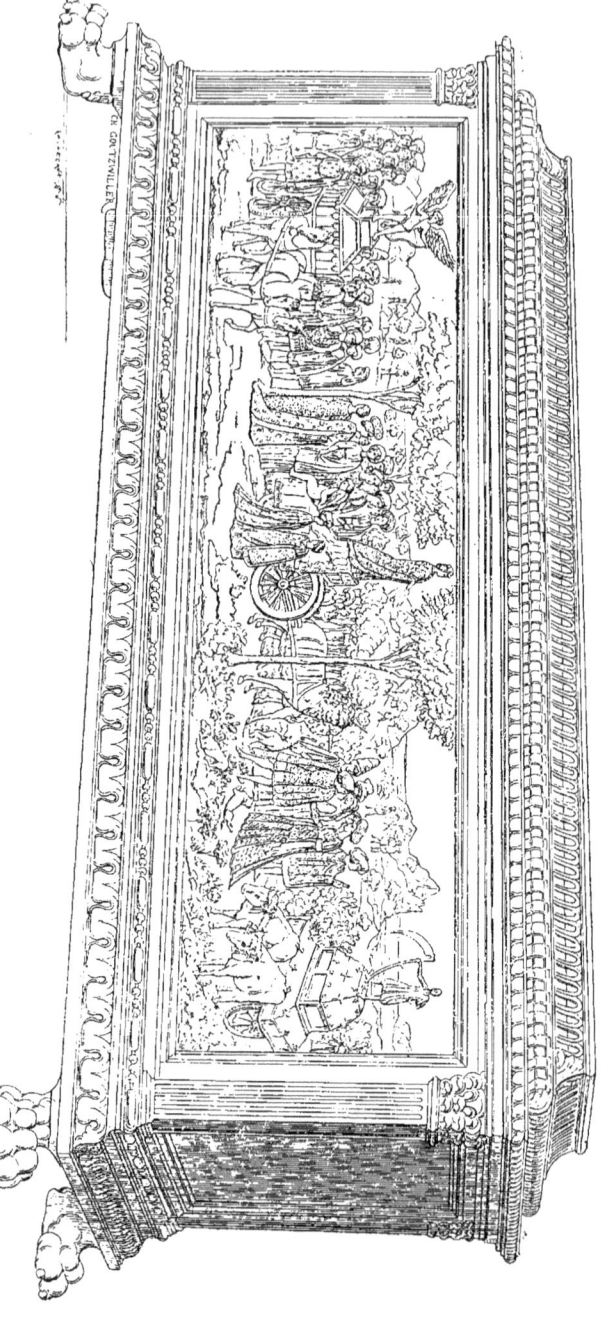

« CASSONE » ITALIEN DU XVᵉ SIÈCLE, DÉCORÉ DE PEINTURES REPRÉSENTANT LES « TRIOMPHES DE PÉTRARQUE ».

(South Kensington Museum.)

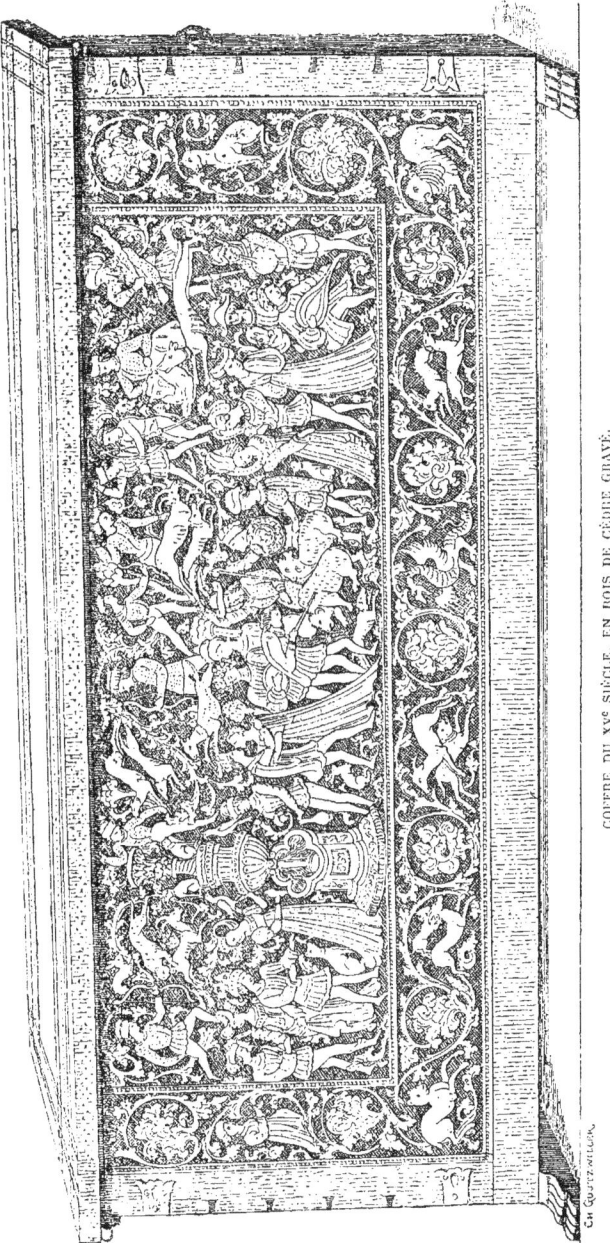

COFFRE DU XVᵉ SIÈCLE, EN BOIS DE CÈDRE GRAVÉ.

(Collection de M. Bonnaffé.)

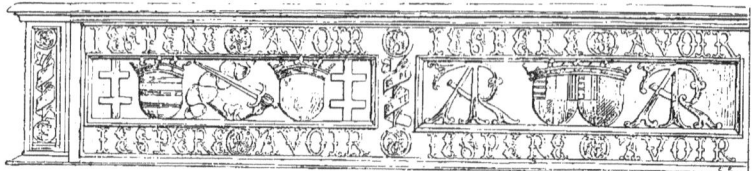

TRAVERSE DU LIT DU DUC ANTOINE DE LORRAINE.

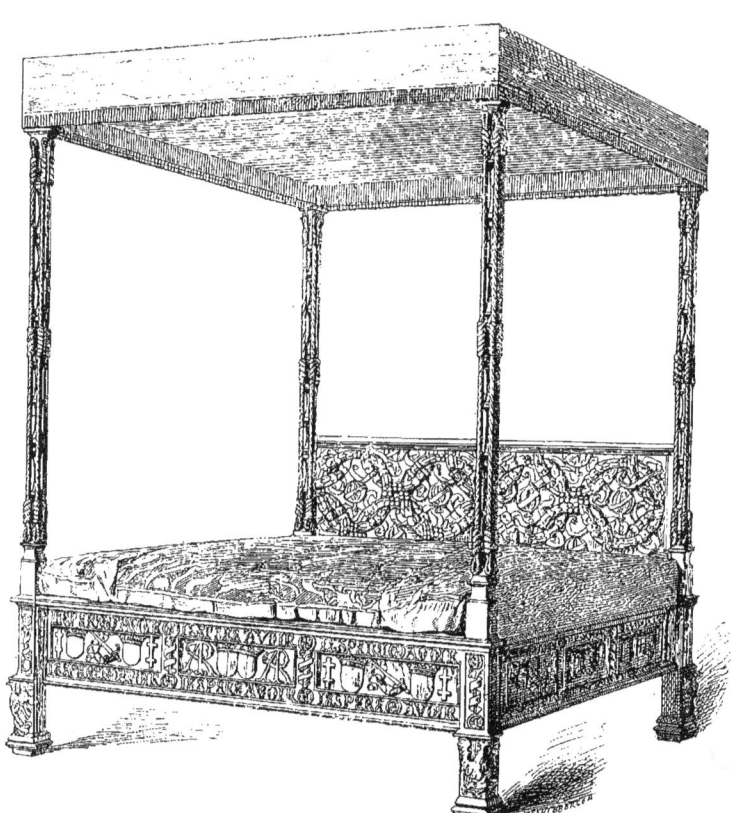

LIT DU DUC ANTOINE DE LORRAINE (XVᵉ SIÈCLE).

(Musée lorrain, à Nancy.)

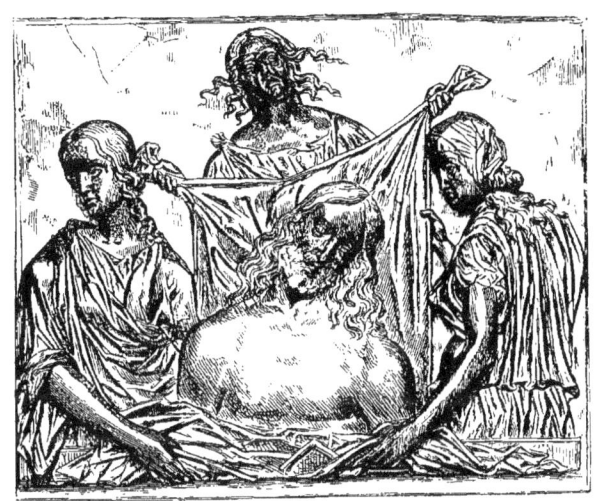

BAS-RELIEF EN BOIS SCULPTÉ DU XV° SIÈCLE.
(Musée du Louvre.)

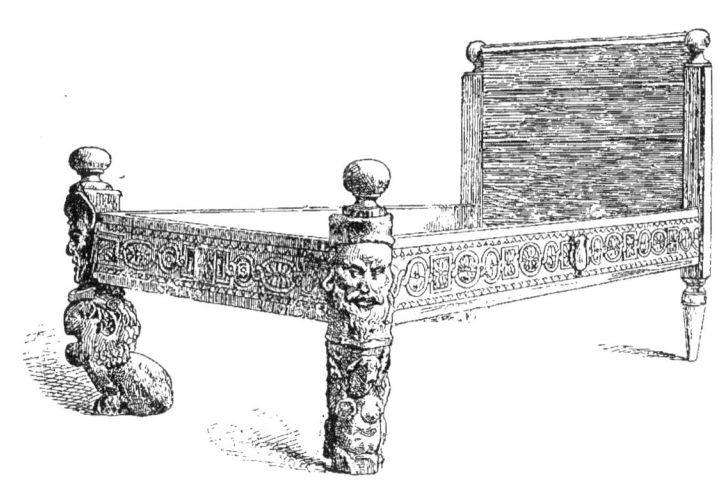

COUCHETTE HENRI II.
(Collection de M. le baron d'Yversen.)

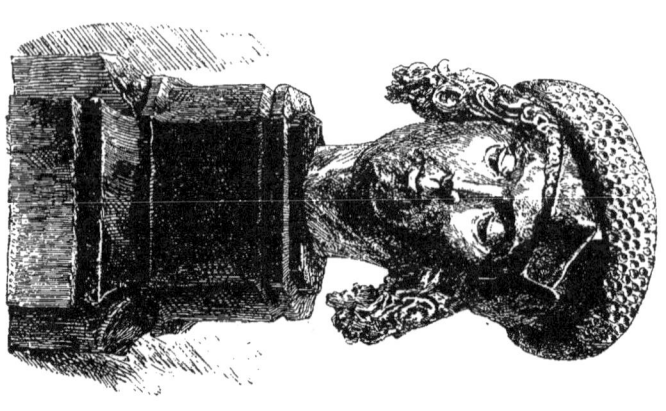

TÊTE DE JEUNE HOMME, EN BOIS SCULPTÉ (XVᵉ SIÈCLE).

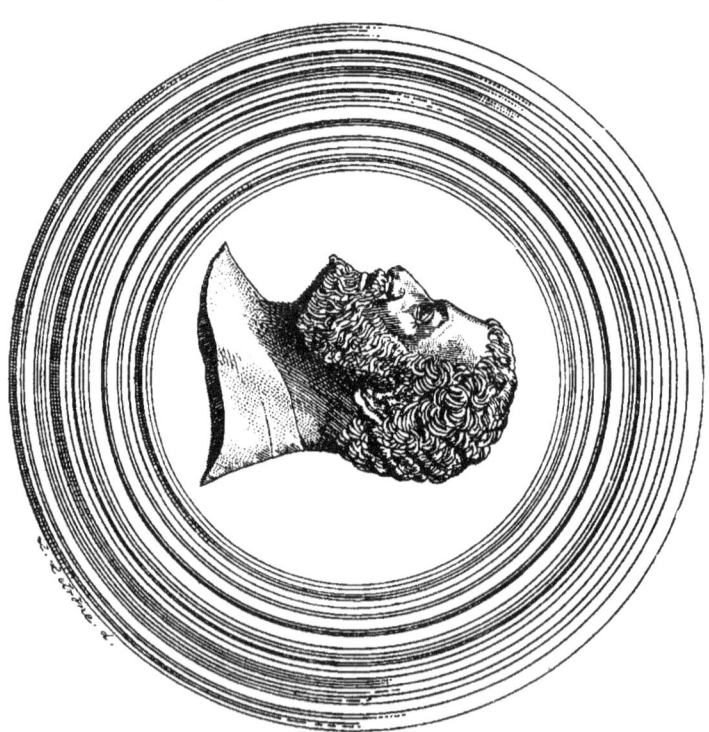

RAIMOND FUGGER, MÉDAILLON DE BOIS, ALLEMAGNE (1527).

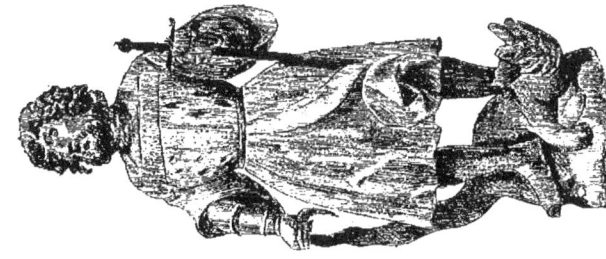

SAINT GEORGES, BOIS SCULPTÉ.
(Allemagne, xve siècle.)

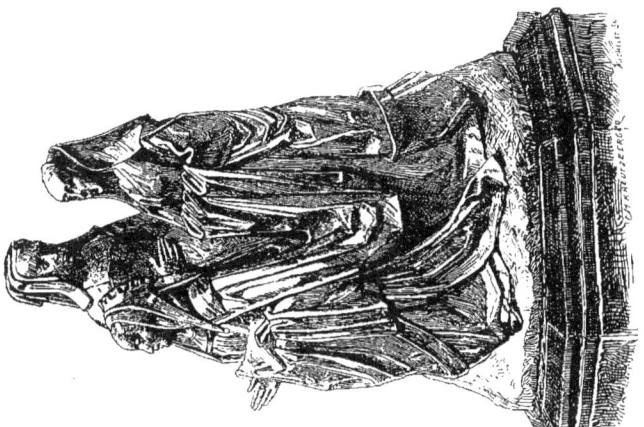

GROUPE EN BOIS SCULPTÉ.
(Commencement du xvie siècle. — Collection de M. Lebreton.)

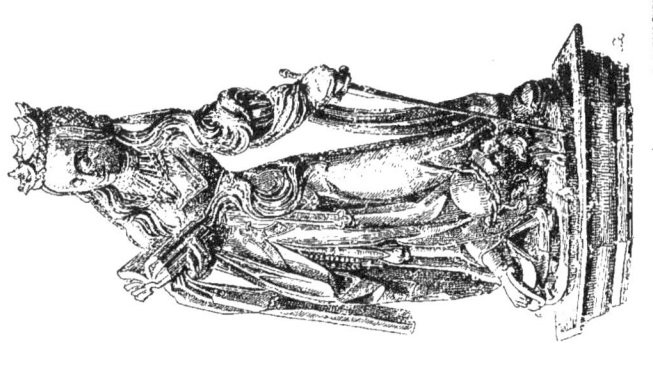

VIERGE TERRASSANT LE DÉMON, BOIS SCULPTÉ.
(Collection de M. Desmottes.)

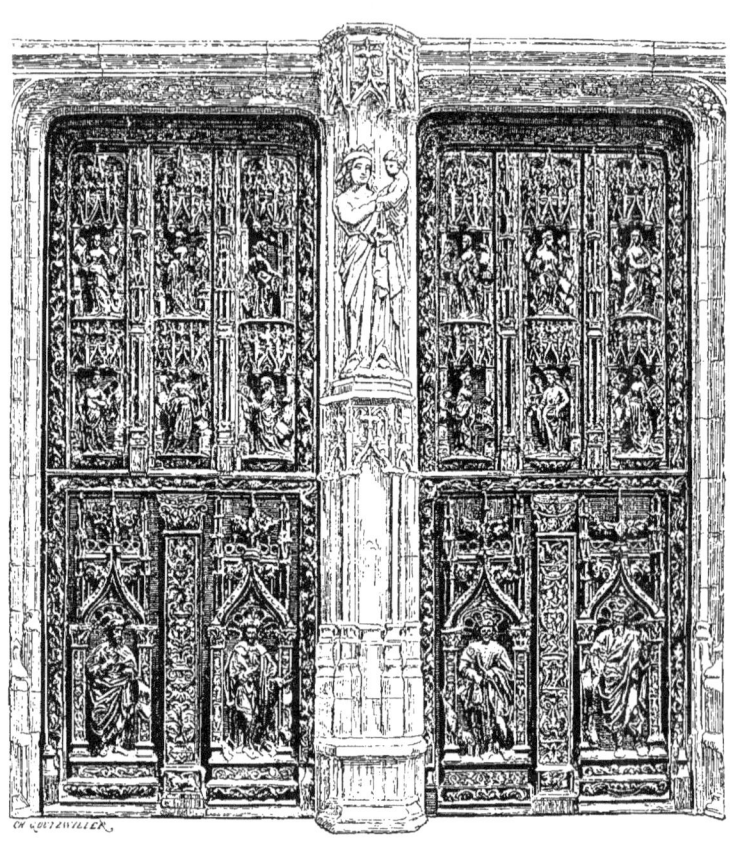

PORTES DE LA CATHÉDRALE DE SAINT-SAUVEUR, A AIX-EN-PROVENCE.

(Fin du xvᵉ siècle.)

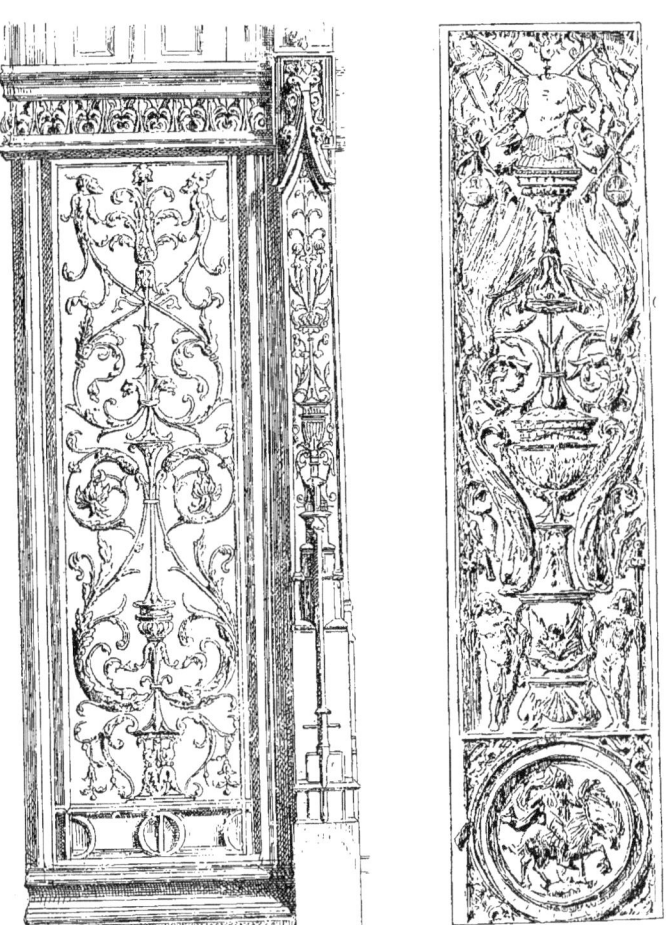

PANNEAUX DE GAILLON EN BOIS SCULPTÉ, LOUIS XII.

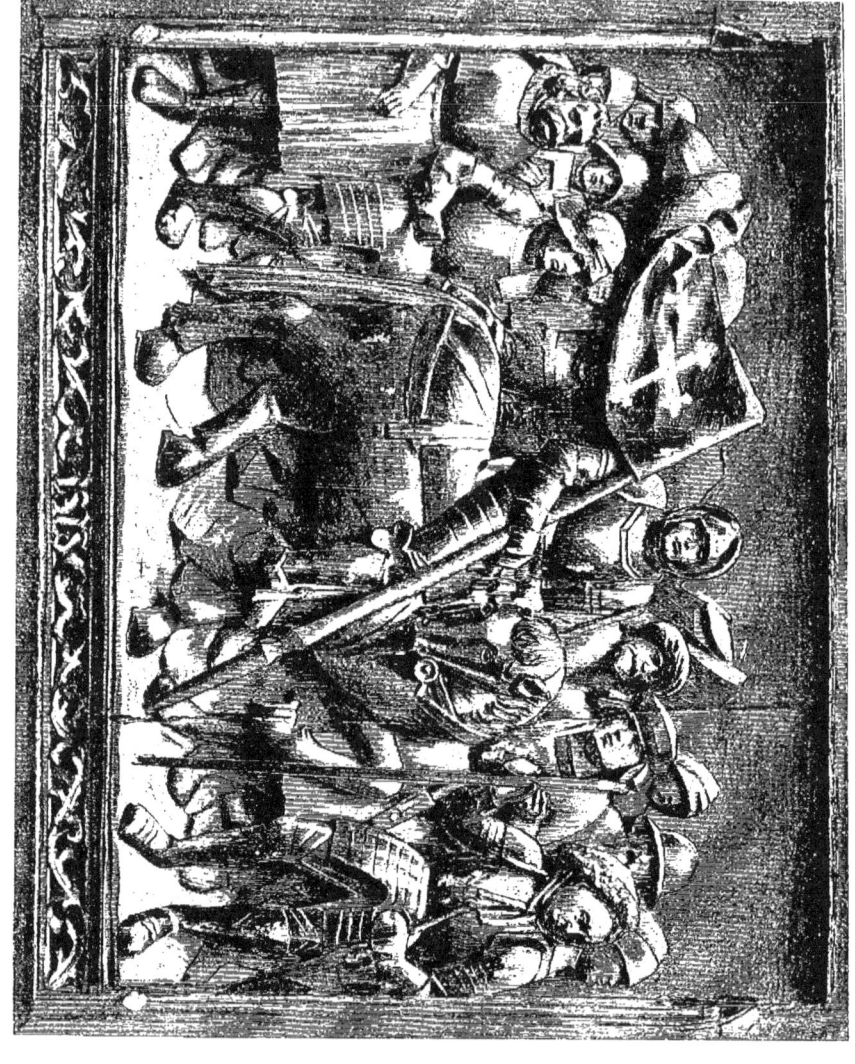

PICHE EN BOIS SCULPTÉ DE L'ÉCOLE BOURGUIGNONNE (XVIe SIÈCLE).

(Collection de M. Richard.)

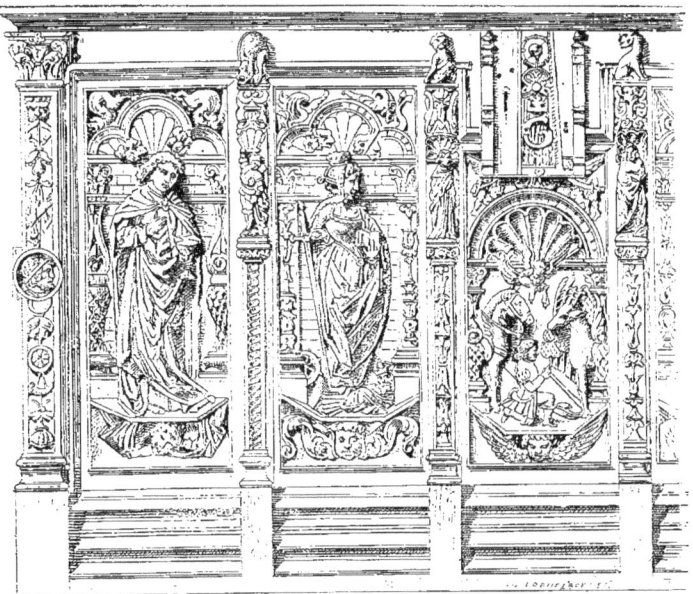

COFFRE EN CHÊNE, LOUIS XII.

(Collection de M. Cavel.)

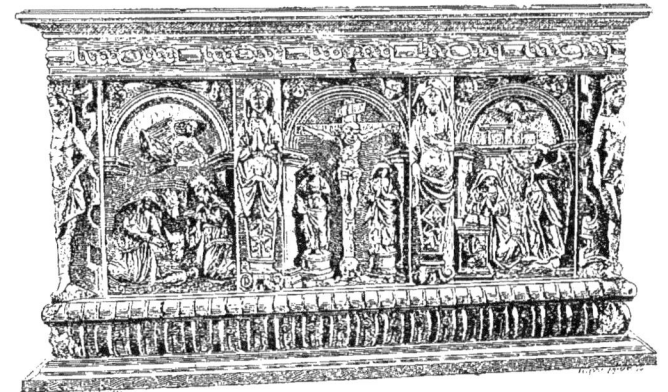

COFFRE EN CHÊNE DU XVIᵉ SIÈCLE.

(Musée de Cluny.)

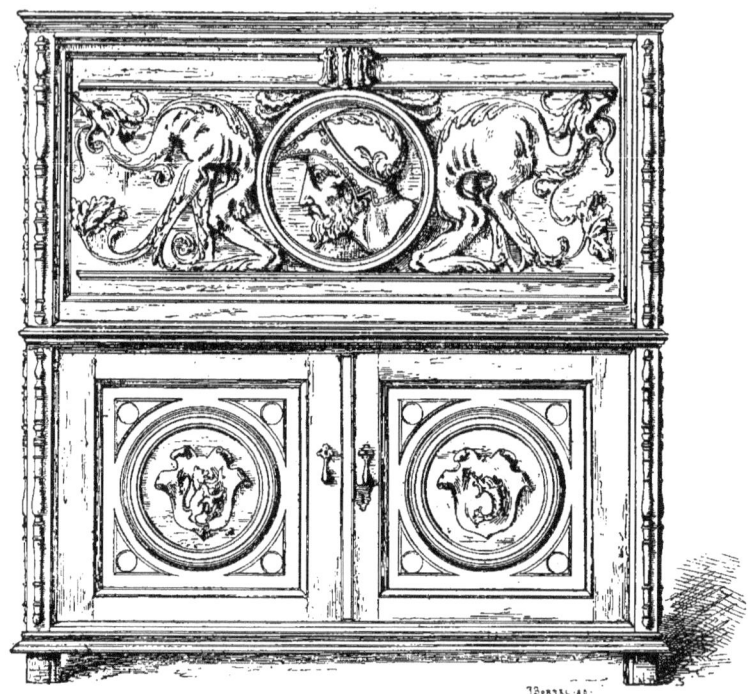

BUREAU ESPAGNOL DU XVIᵉ SIÈCLE.

(Ancienne collection Spitzer.)

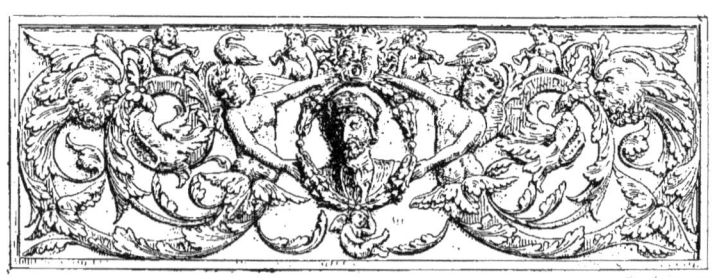

DEVANT DE COFFRE EN NOYER, FRANÇOIS Iᵉʳ.

(Collection de M. Bonnaffé.)

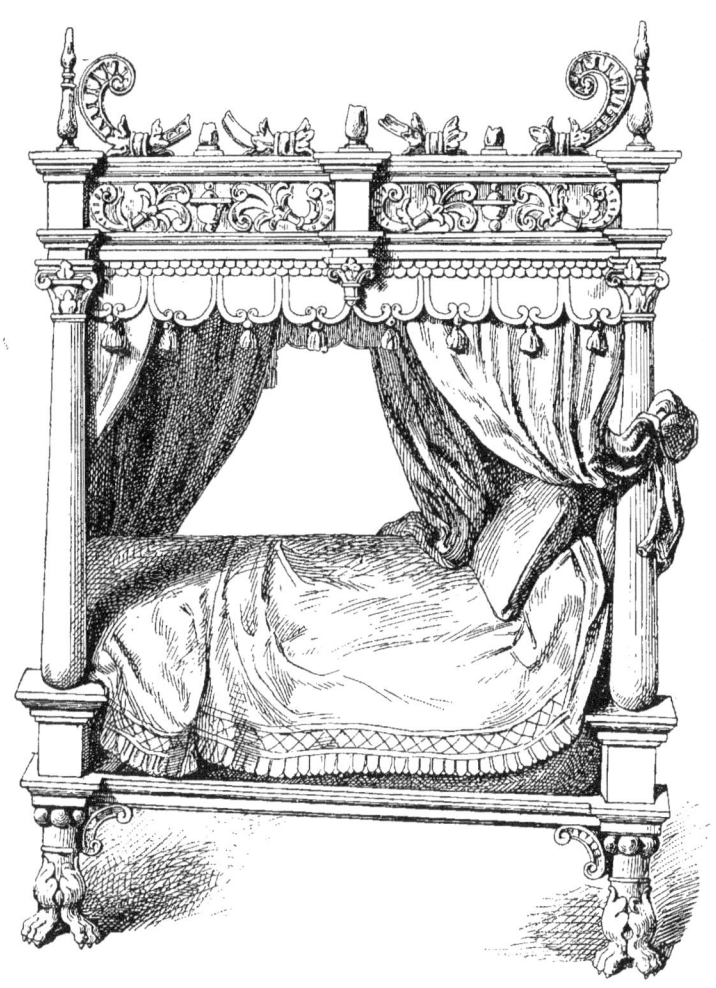

LIT D'APRÈS UN BAS-RELIEF DE L'ÉGLISE DE BROU, FRANÇOIS Ier.

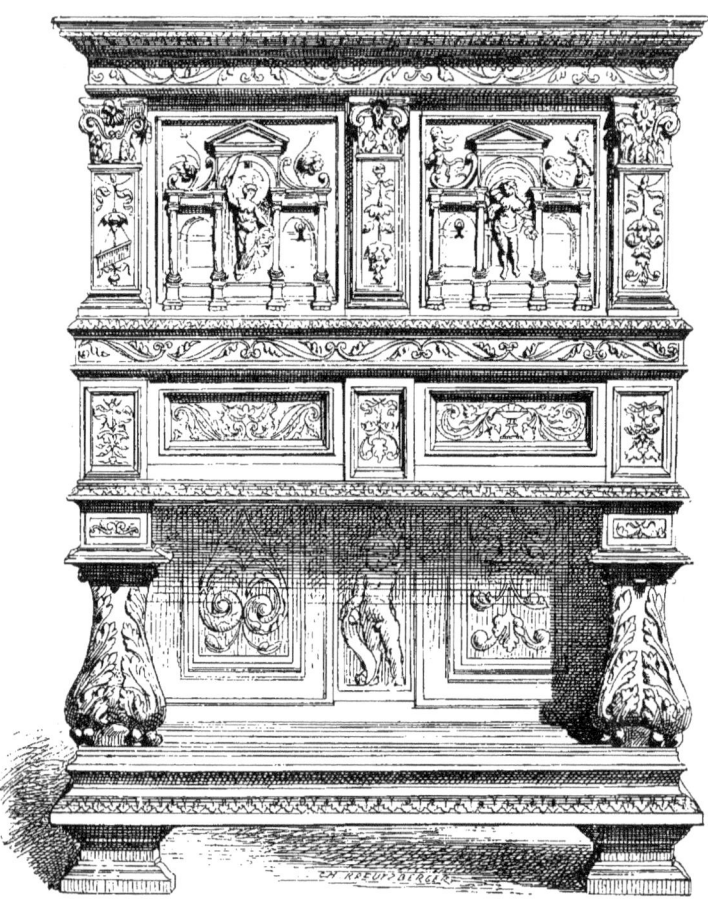

DRESSOIR EN CHÊNE, FRANÇOIS Iᵉʳ.

(Ancienne collection Soltikoff.)

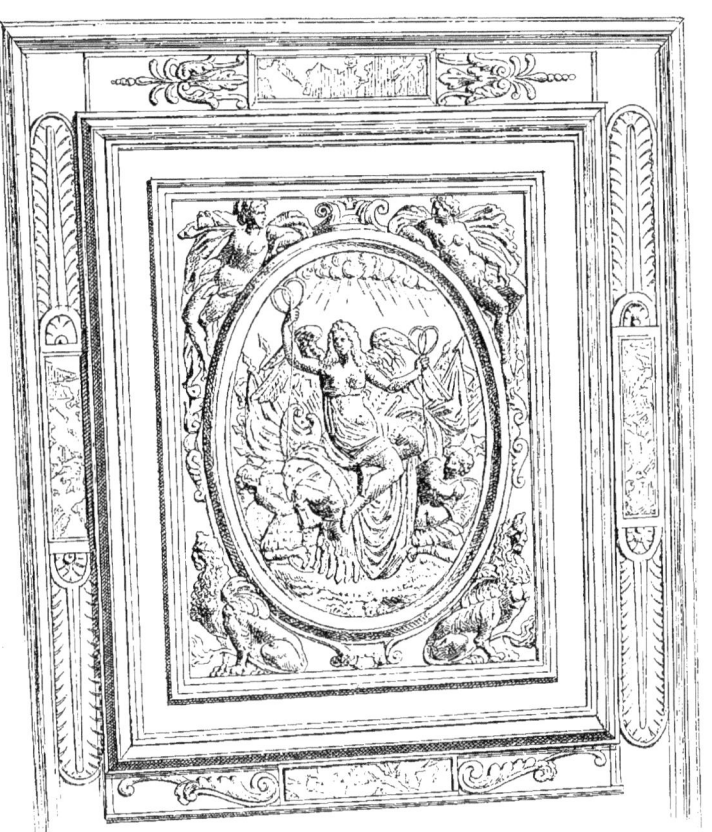

PANNEAU D'UNE ARMOIRE HENRI II.
(Collection de M. Bonnaffé.)

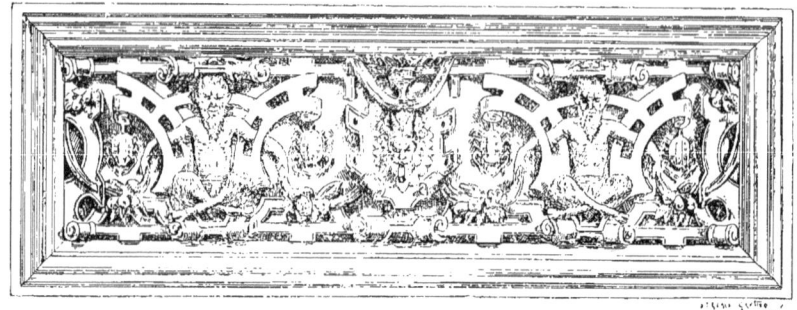

TIROIR D'UN CABINET EN BOIS SCULPTÉ DU XVIᵉ SIÈCLE.

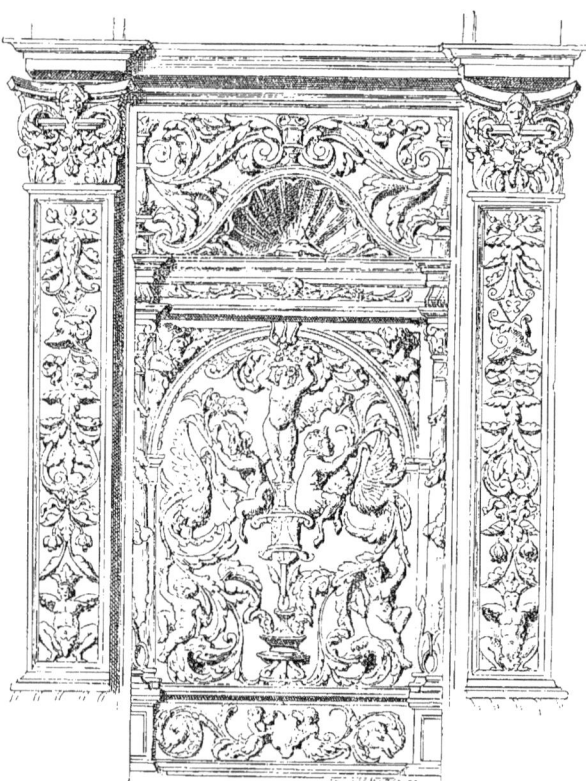

DOSSIER DE CHAISE, FRANÇOIS Iᵉʳ.

(Collection de M. Chabrières.)

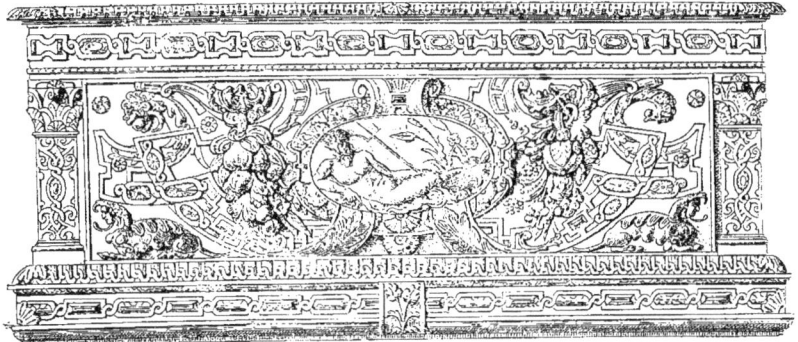

COFFRE EN NOYER, HENRI II.

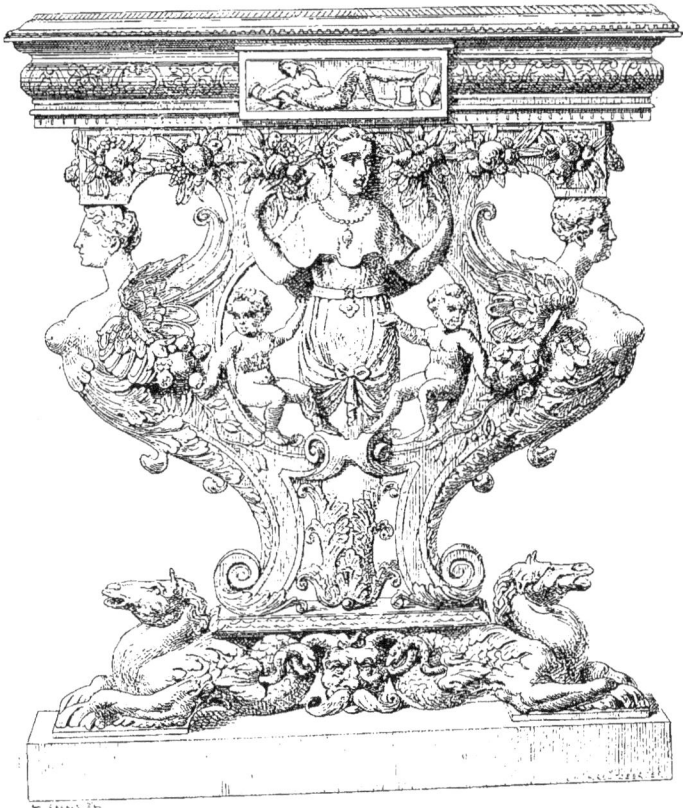

TABLE EN NOYER, HENRI II.

(Musée de Compiègne.)

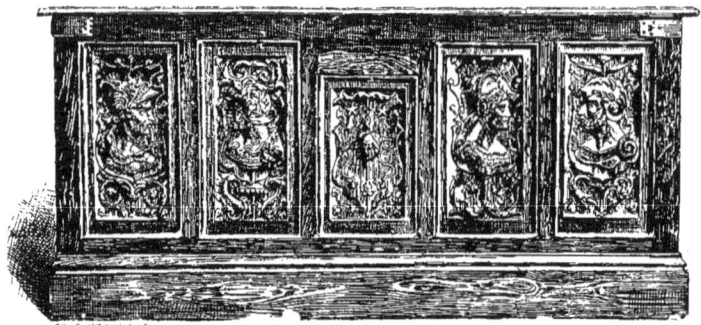

COFFRE EN BOIS DU XVIᵉ SIÈCLE.

(Collection de Mᵐᵉ Vᵉ Rogier.)

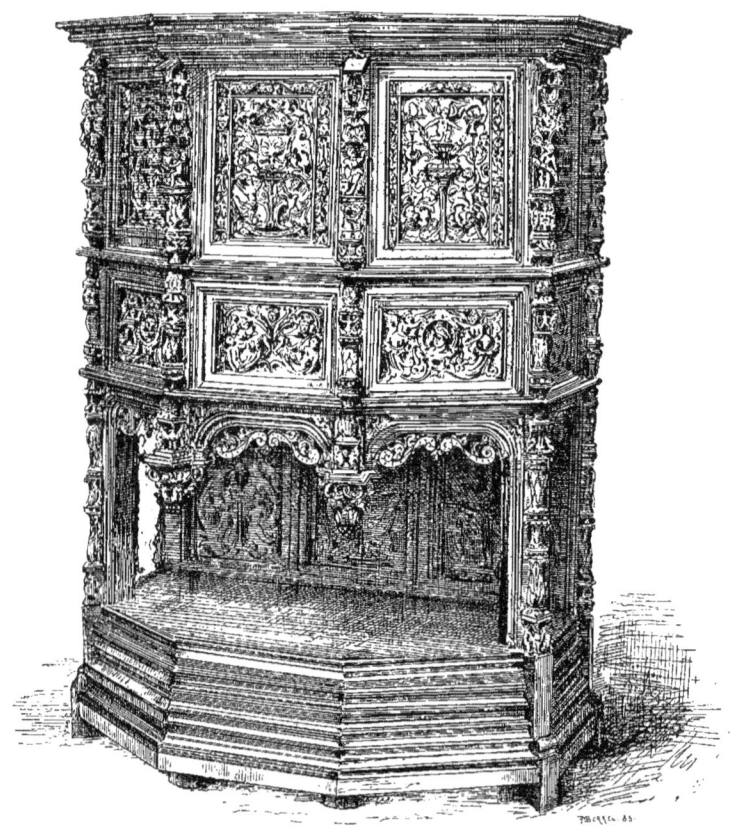

DRESSOIR ALLEMAND DU XVIᵉ SIÈCLE.

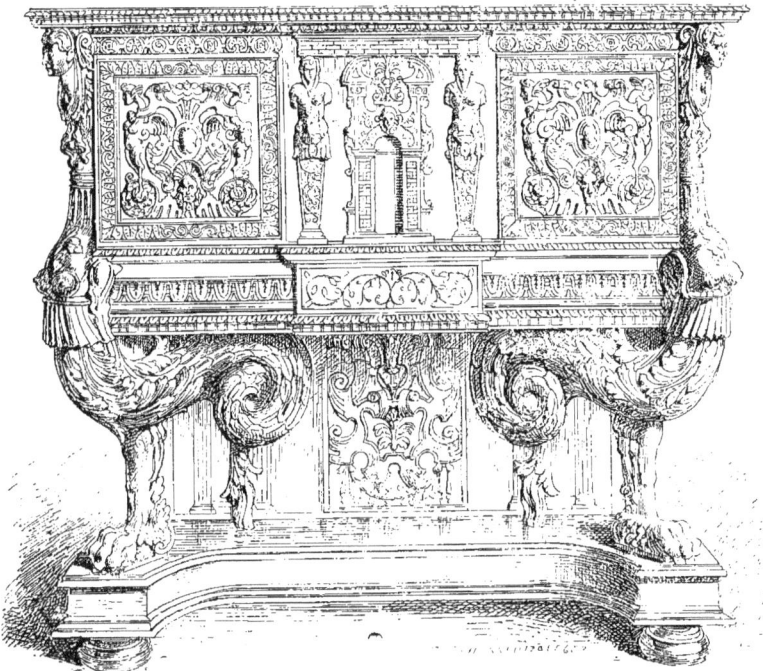

DRESSOIR EN NOYER, HENRI II A HENRI III.
(Collection Sennegon.)

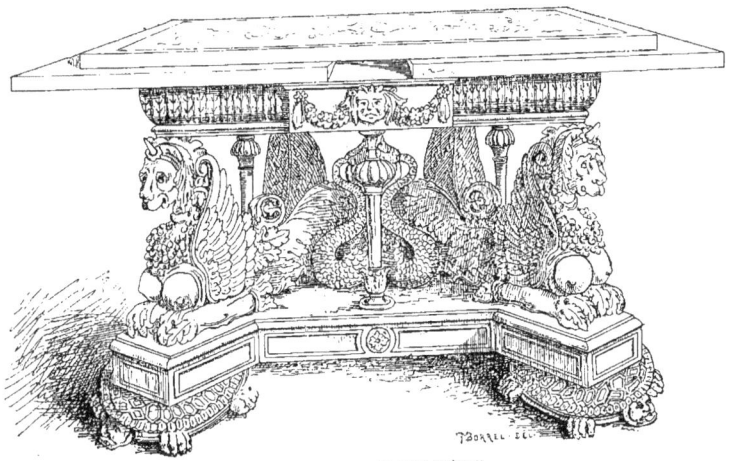

TABLE ANGLAISE DU XVIe SIÈCLE.

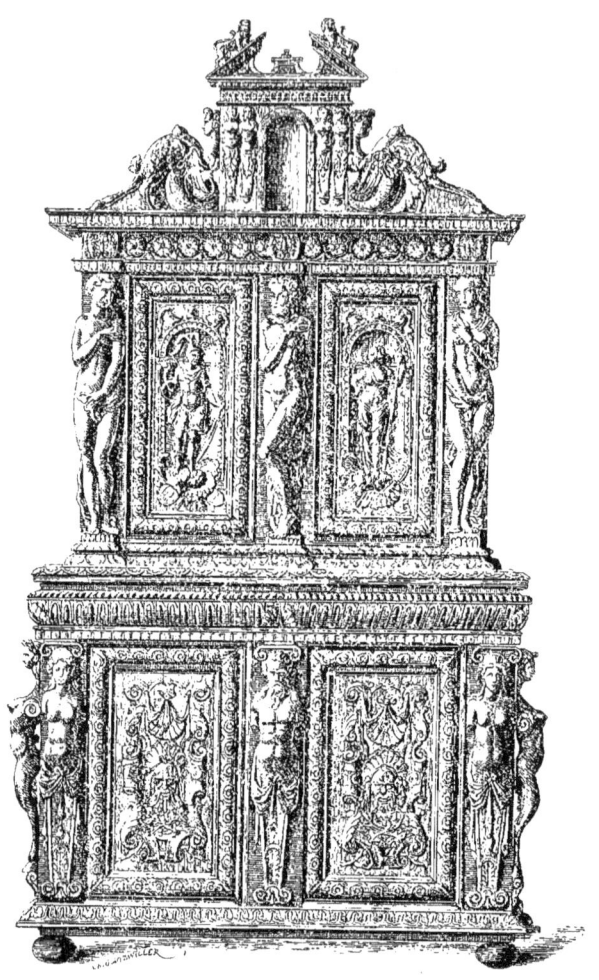

ARMOIRE LYONNAISE DU XVIᵉ SIÈCLE.

(Collection de M. Jourdan.)

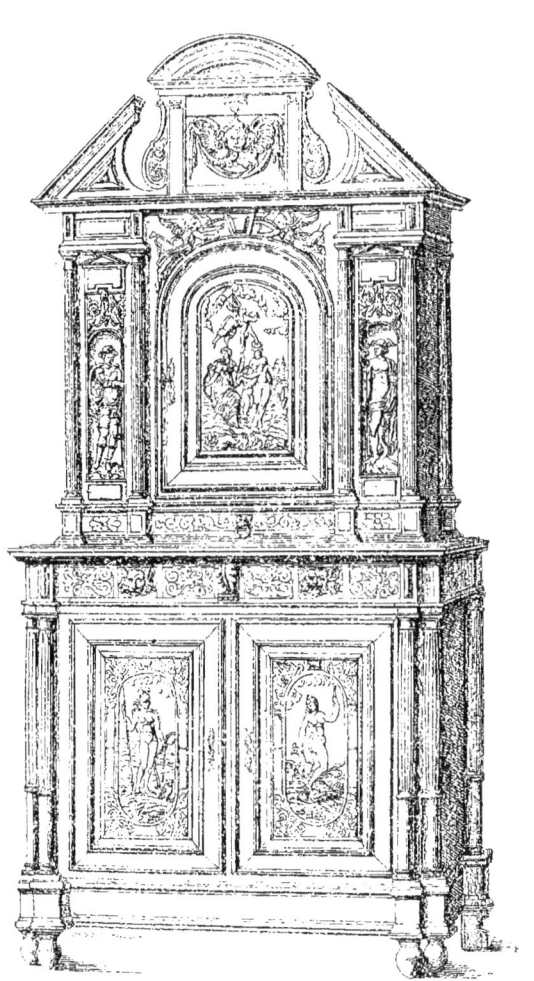

CRÉDENCE DE LA FIN DU XVIe SIÈCLE.

(Appartenant à M. Ad. Moreau.)

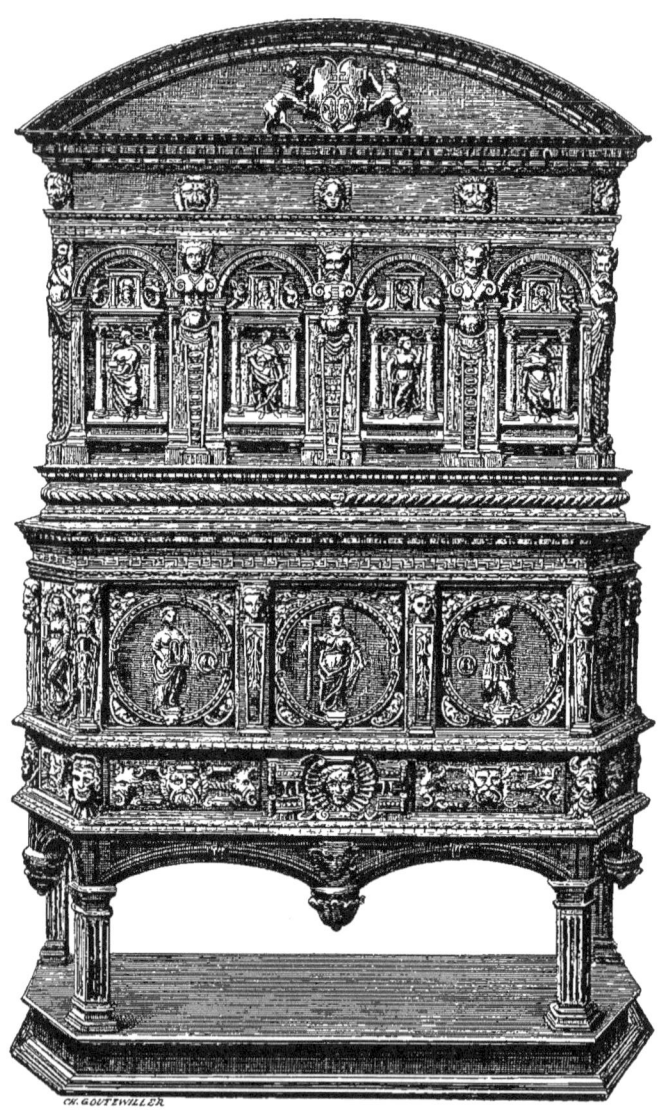

CRÉDENCE DU XVIe SIÈCLE.

(Collection de M. Aynard.)

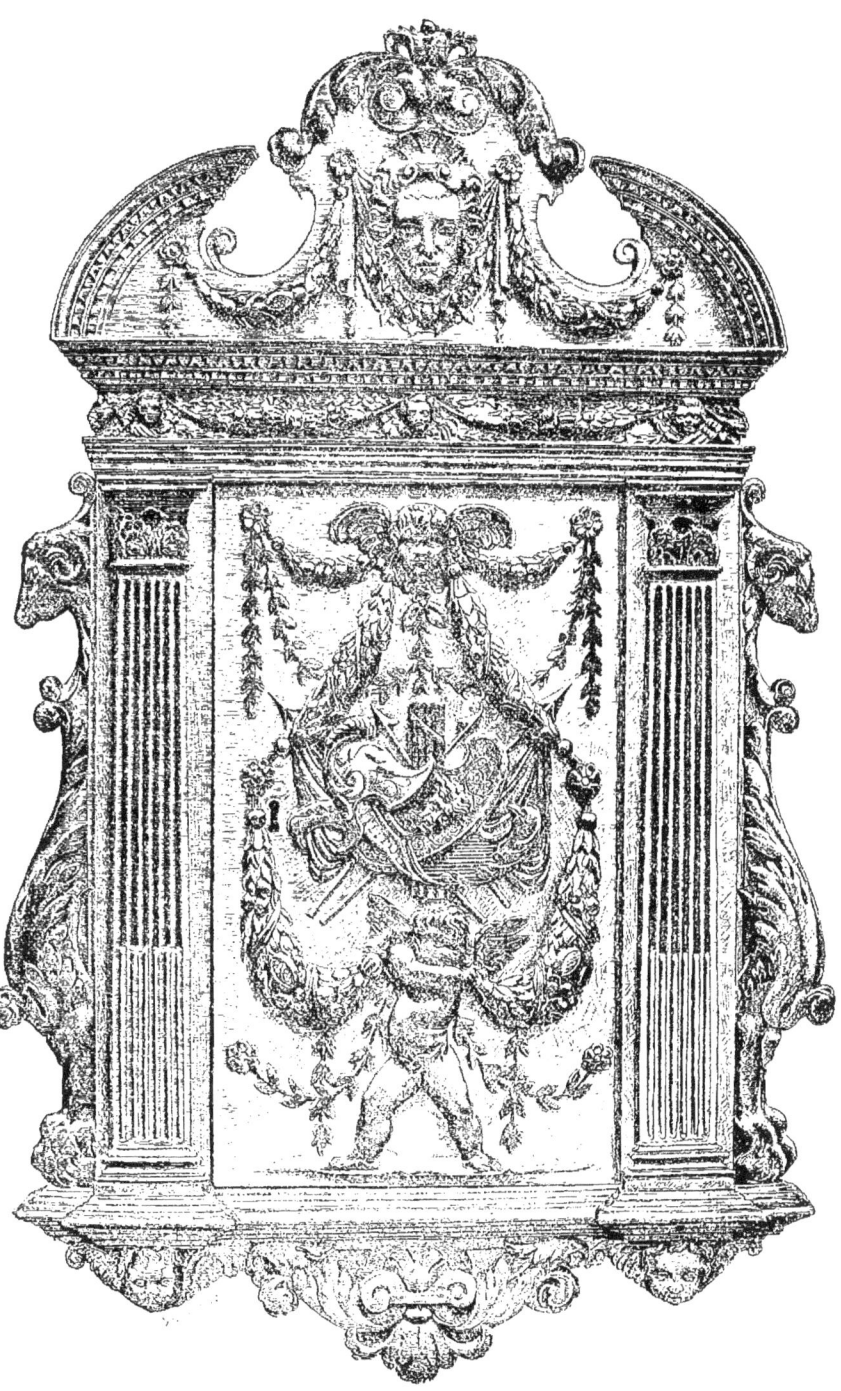

PETITE ARMOIRE SUSPENDUE A UN VANTAIL. (FRANCE. XVIᵉ SIÈCLE).

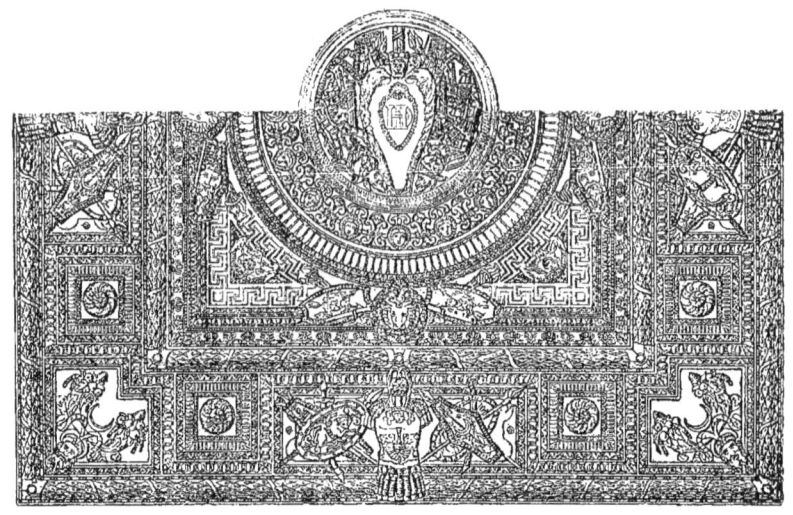

PLAFOND EN BOIS SCULPTÉ DE L'ANCIENNE CHAMBRE DE PARADE DE HENRI II.

(Musée du Louvre.)

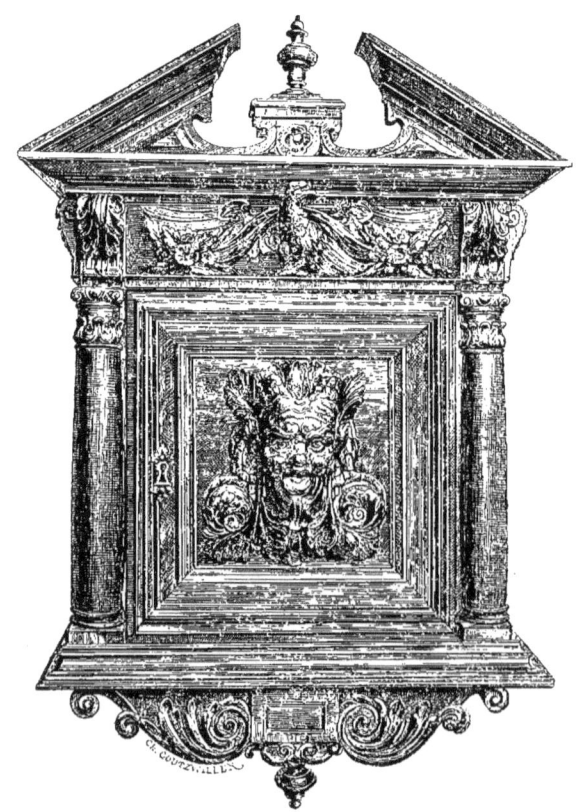

ARMOIRE A BIJOUX DU XVIᵉ SIÈCLE.

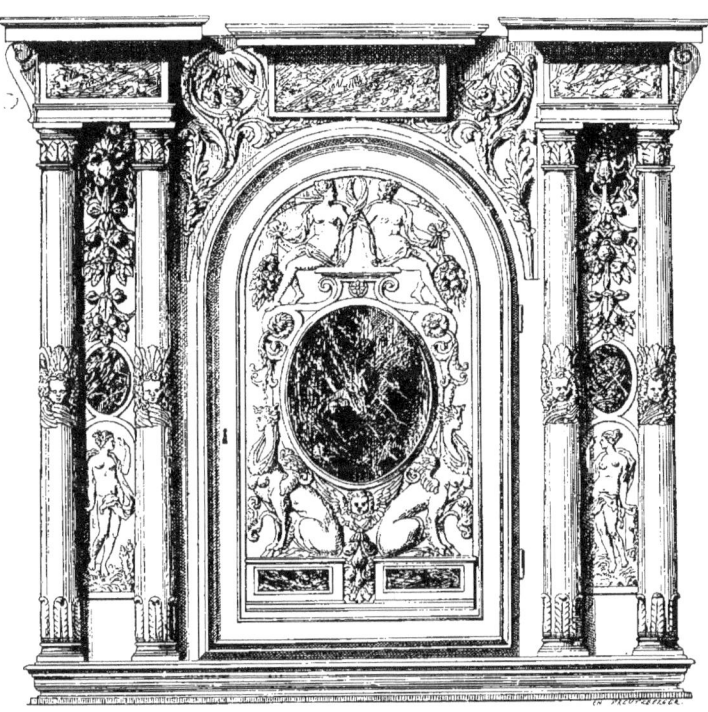

HAUT D'ARMOIRE EN NOYER, HENRI II.

(Collection de M. Roussel.)

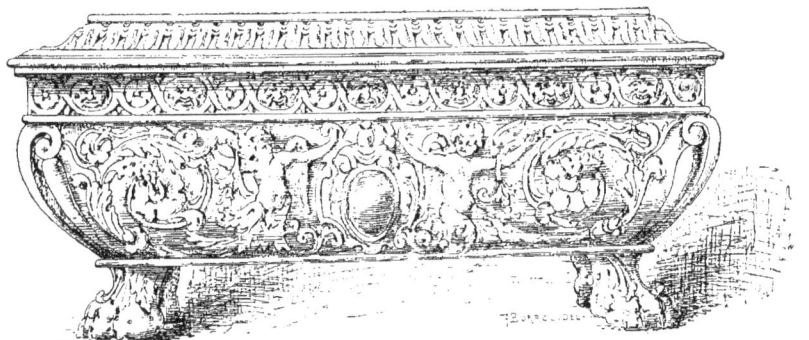

« CASSONE » ITALIEN DU XVIᵉ SIÈCLE.

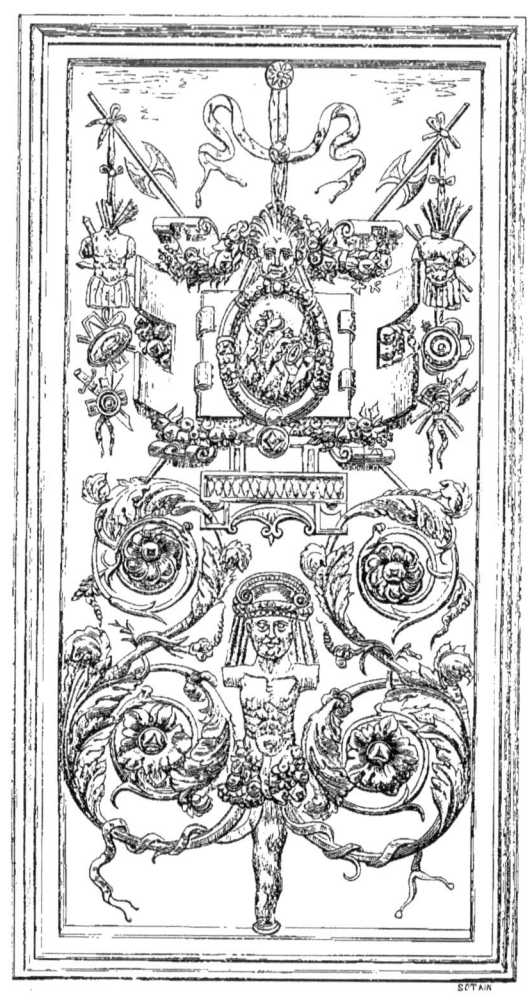

PANNEAU EN BOIS SCULPTÉ DU XVI° SIÈCLE.

(Collection de M. Bonnaffé.)

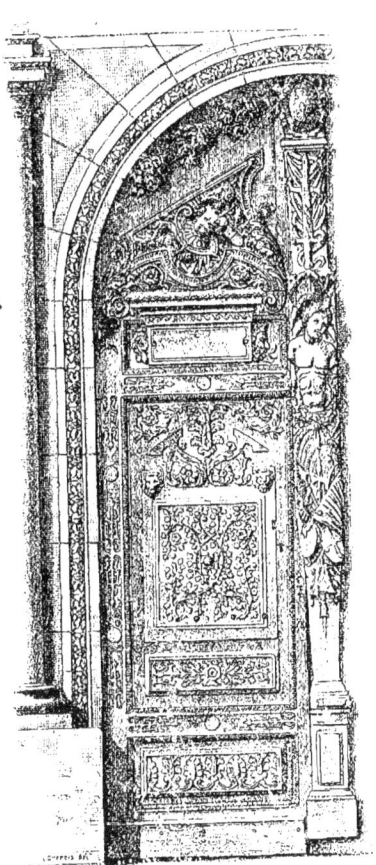

PORTE EXTÉRIEURE DU PALAIS DE JUSTICE
DE DIJON (XVIᵉ SIÈCLE).

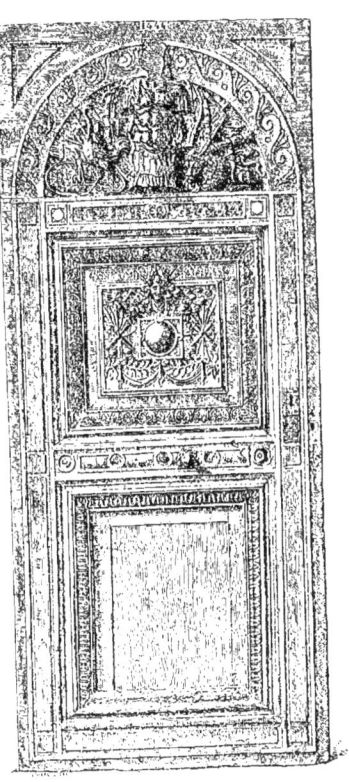

PORTE DU SCRIN DU PALAIS DE JUSTICE
DE DIJON (XVIᵉ SIÈCLE).

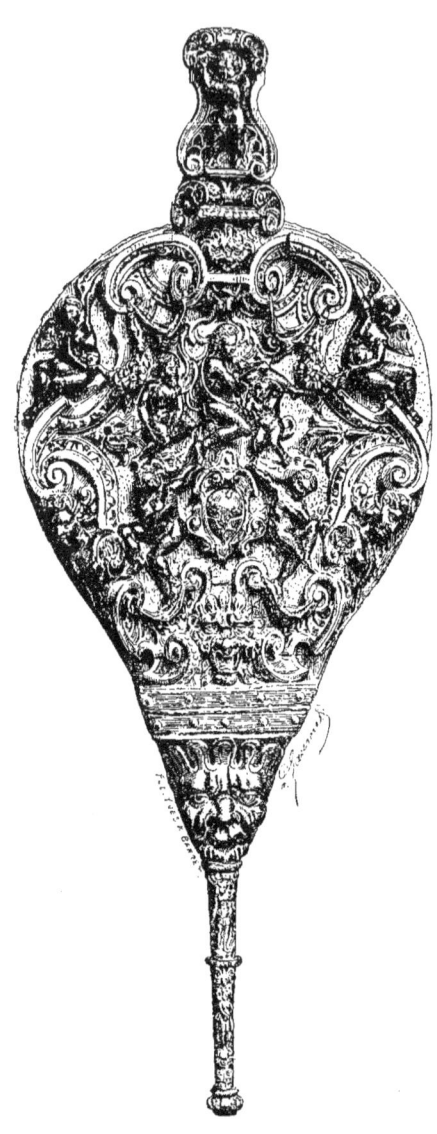

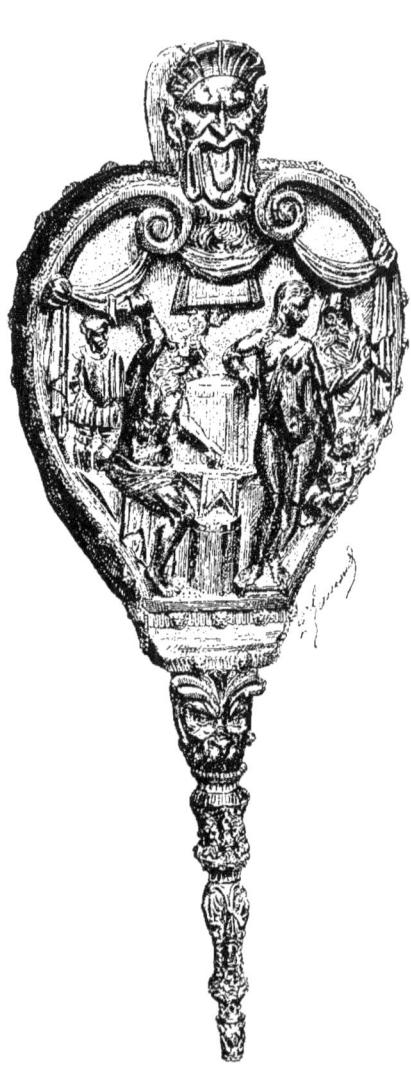

SOUFFLET DE NOYER SCULPTÉ
(ITALIE, XVIᵉ SIÈCLE).

(Ancienne collection Spitzer.)

SOUFFLET EN NOYER SCULPTÉ ET REHAUSSÉ D'OR
(VENISE, XVIᶜ SIÈCLE).

(Ancienne collection Spitzer.)

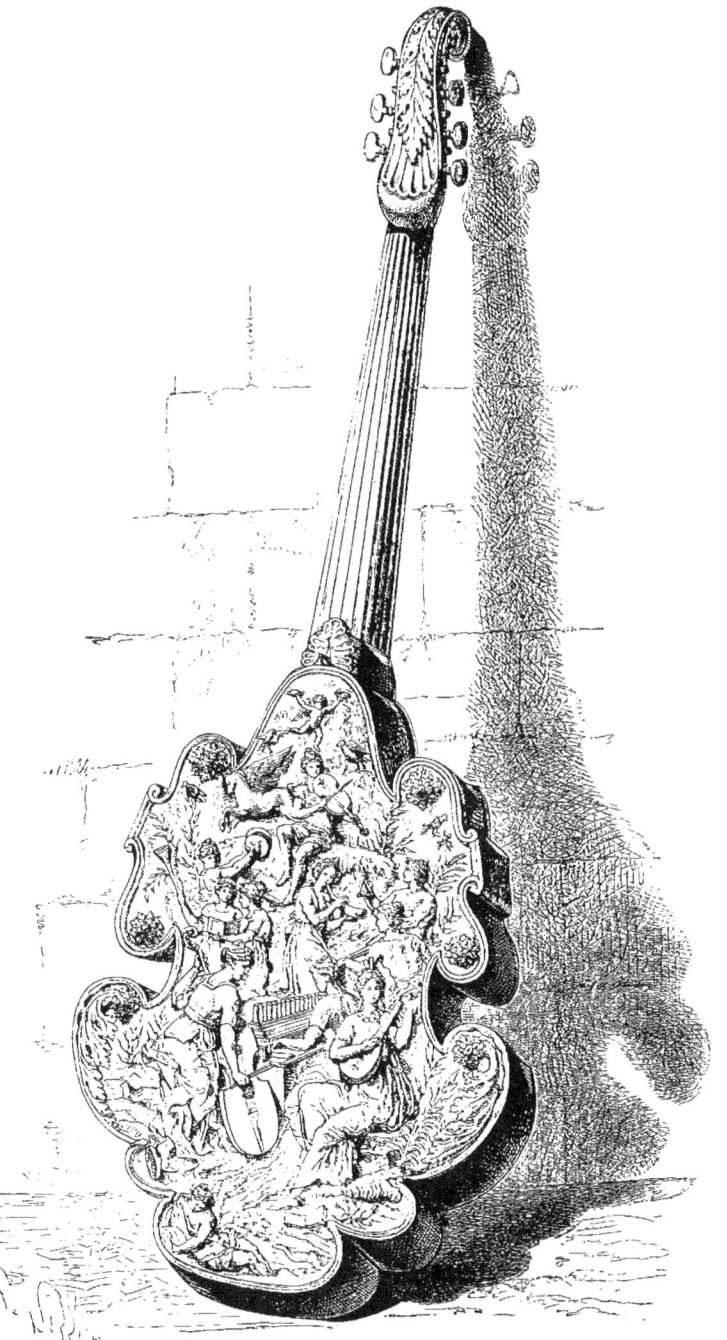

VIOLE ITALIENNE DU XVIᵉ SIÈCLE.

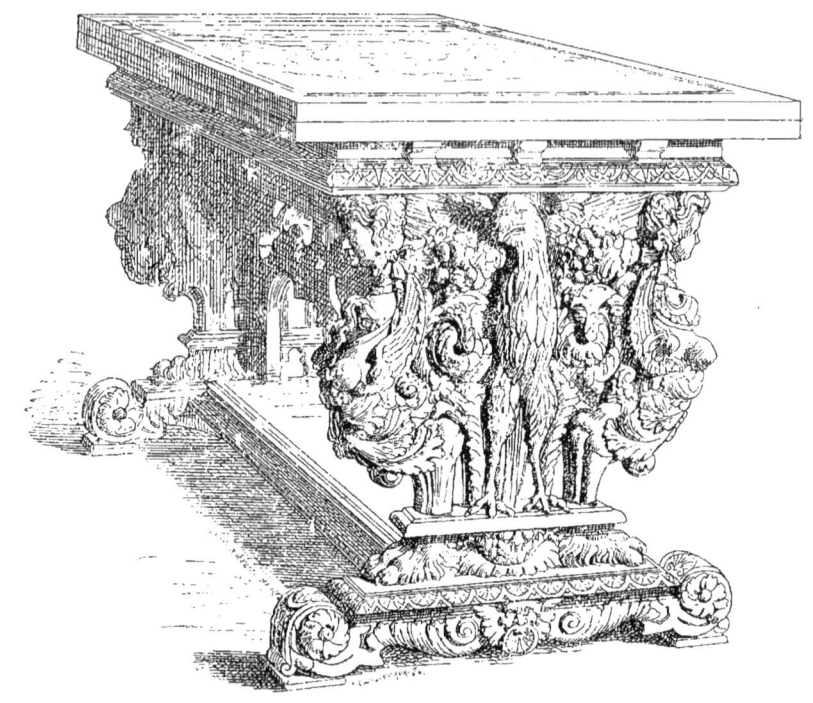

TABLE EN NOYER, CHARLES IX.
(Musée de Dijon.)

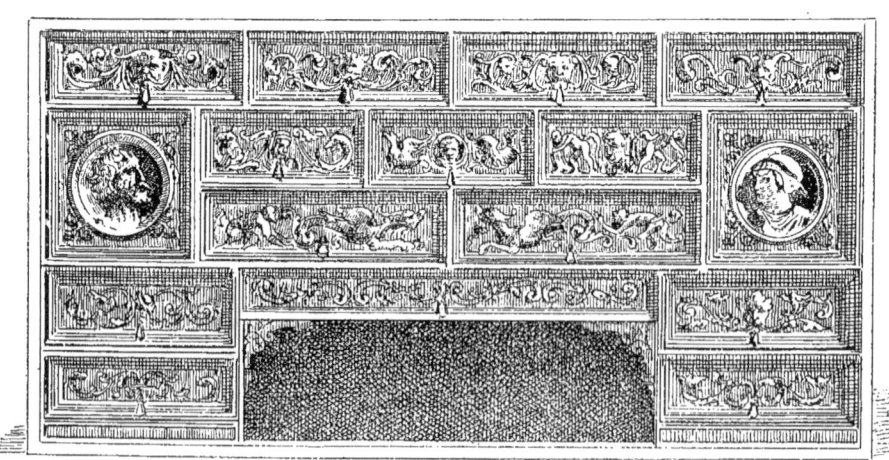

MEUBLE EN BOIS SCULPTÉ DU XVIᵉ SIÈCLE.

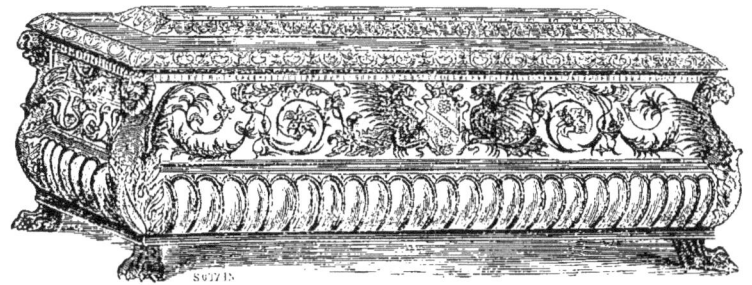

COFFRE DE MARIAGE EN BOIS SCULPTÉ, PEINT ET SURDORÉ, DU XVIᵉ SIÈCLE.

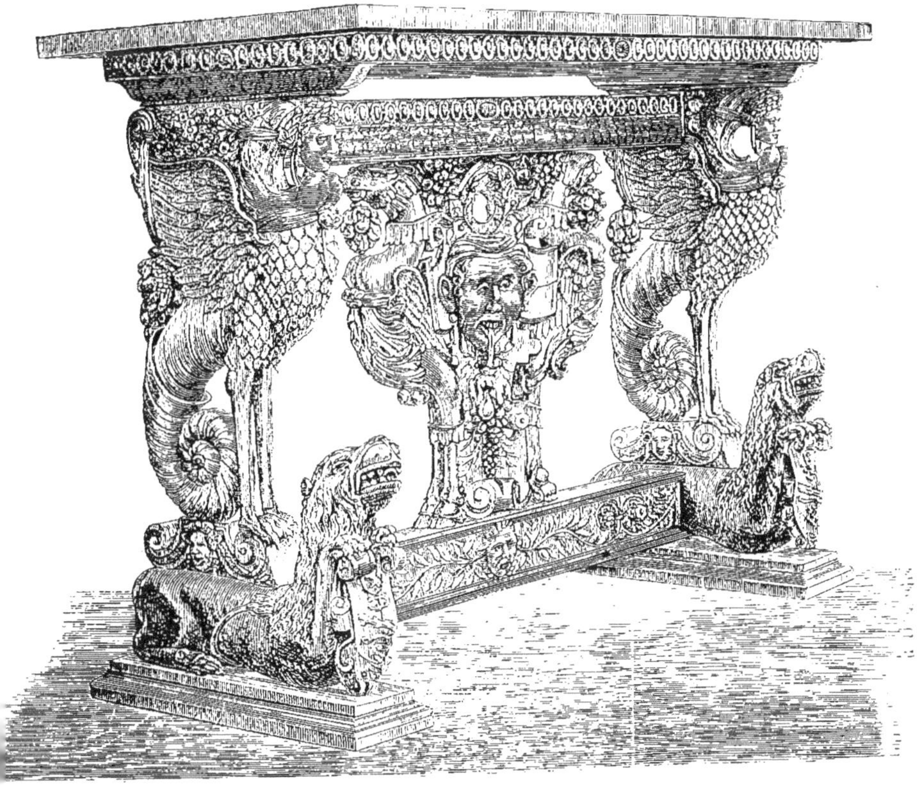

TABLE EN NOYER SCULPTÉ DU XVIᵉ SIÈCLE.
(Collection de M. Bonnaffé.)

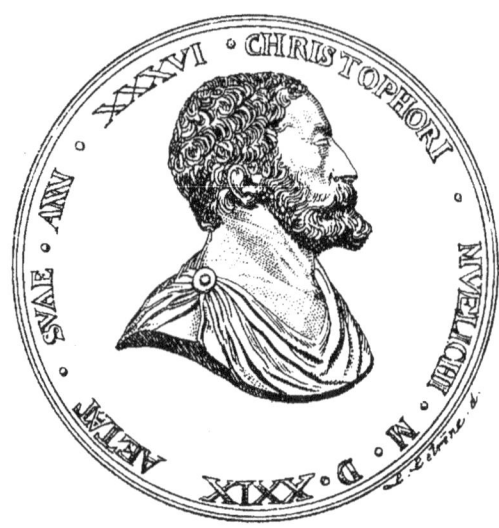

CHRISTOPHE MUELICH, MÉDAILLON DE BUIS
(ALLEMAGNE, 1529).

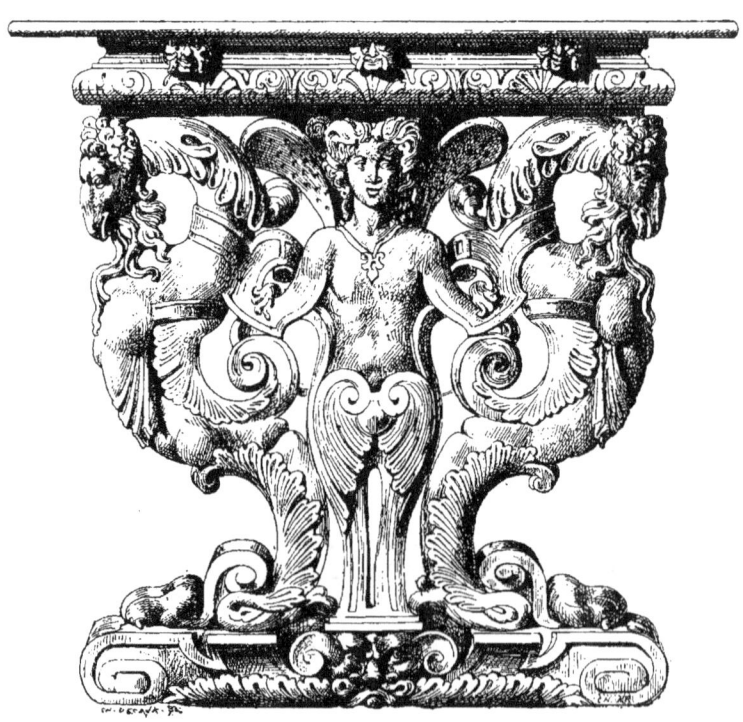

TABLE DE NOYER, HENRI III.
(Collection Chabrières-Arlès.)

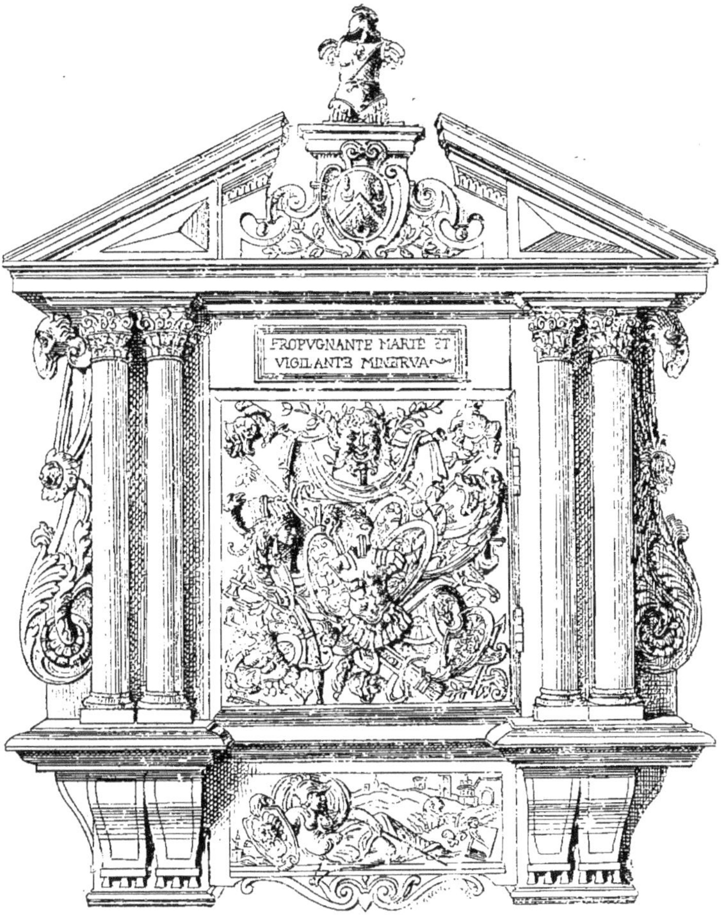

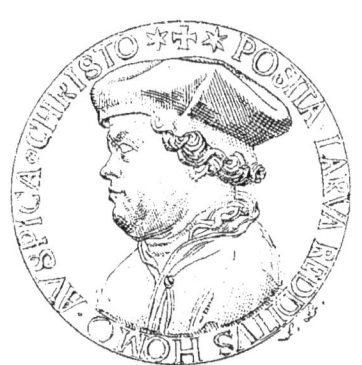

ARMOIRE A SUSPENDRE, CHARLES IX.
(Collection de M. Gavet.)

PROPVGNANTE MARTE ET
VIGILANTE MINERVA

PORTRAIT D'HOMME, MÉDAILLON DE BUIS, ALLEMAGNE (XVIᵉ SIÈCLE).

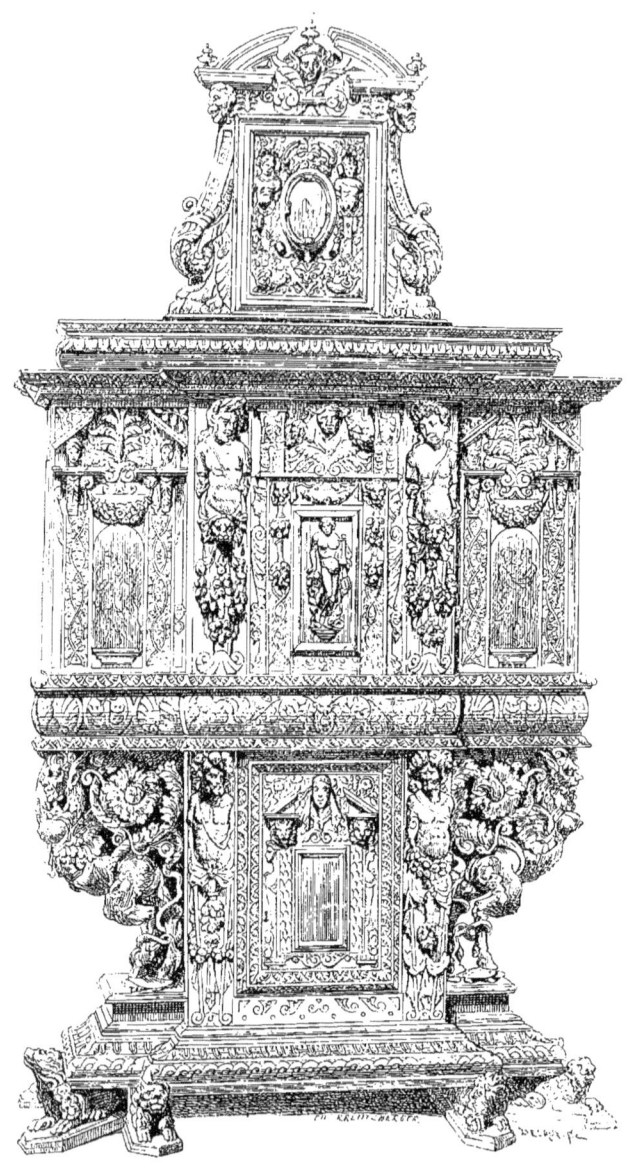

CABINET EN NOYER, HENRI III.

(Collection de M. le baron Sellières.)

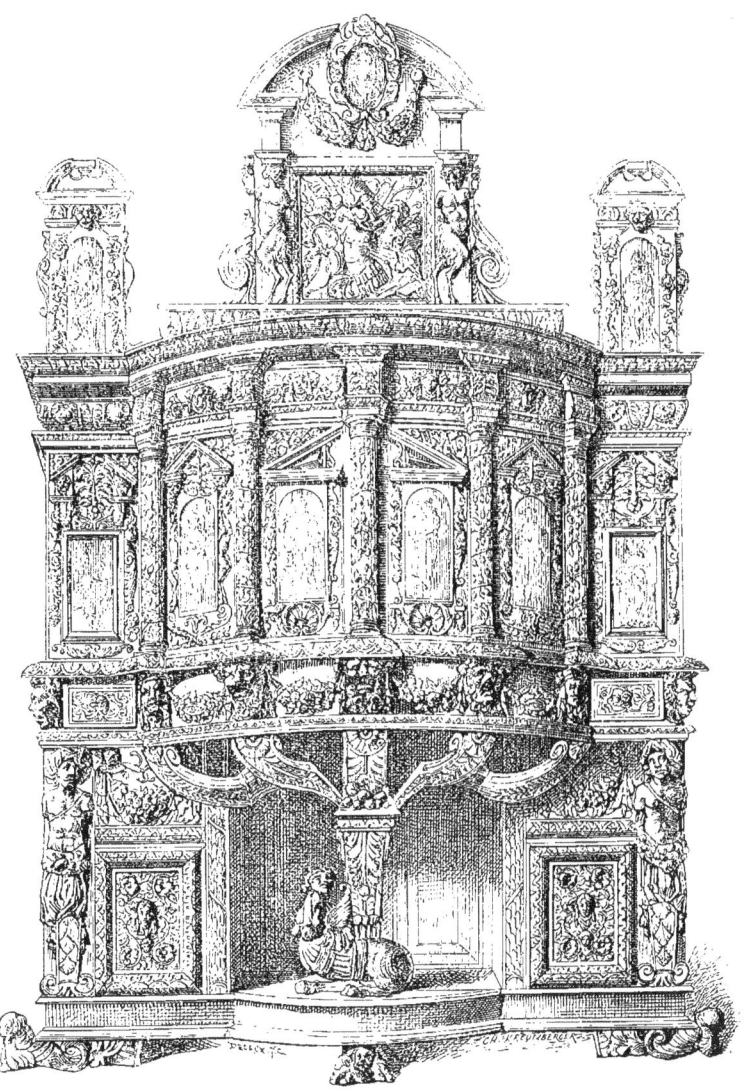

CABINET EN NOYER, HENRI III.

(Musée de Besançon.)

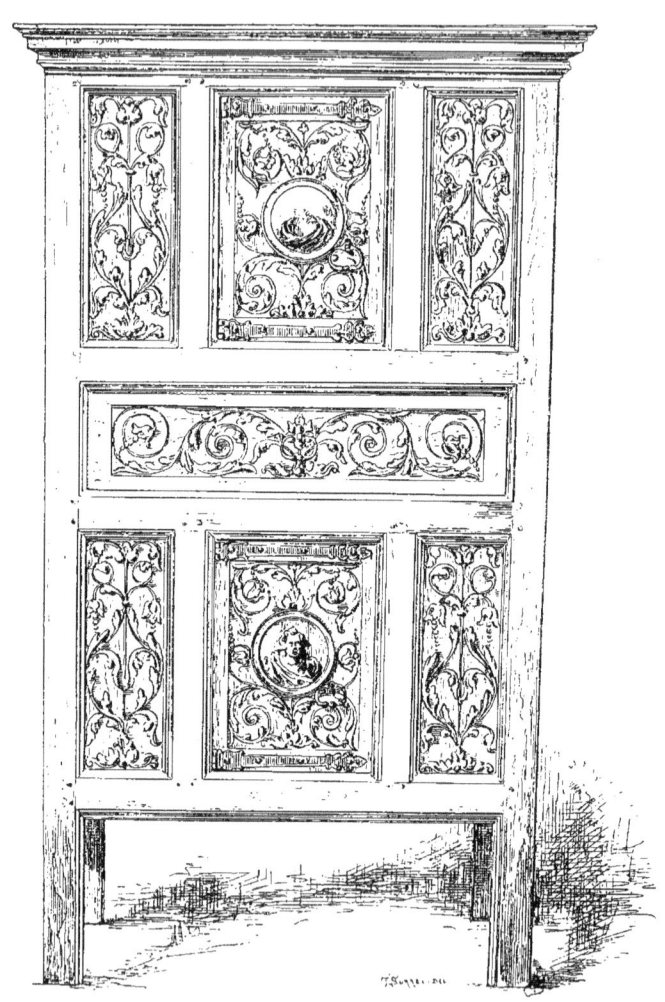

ARMOIRE FLAMANDE DU XVIᵉ SIÈCLE.

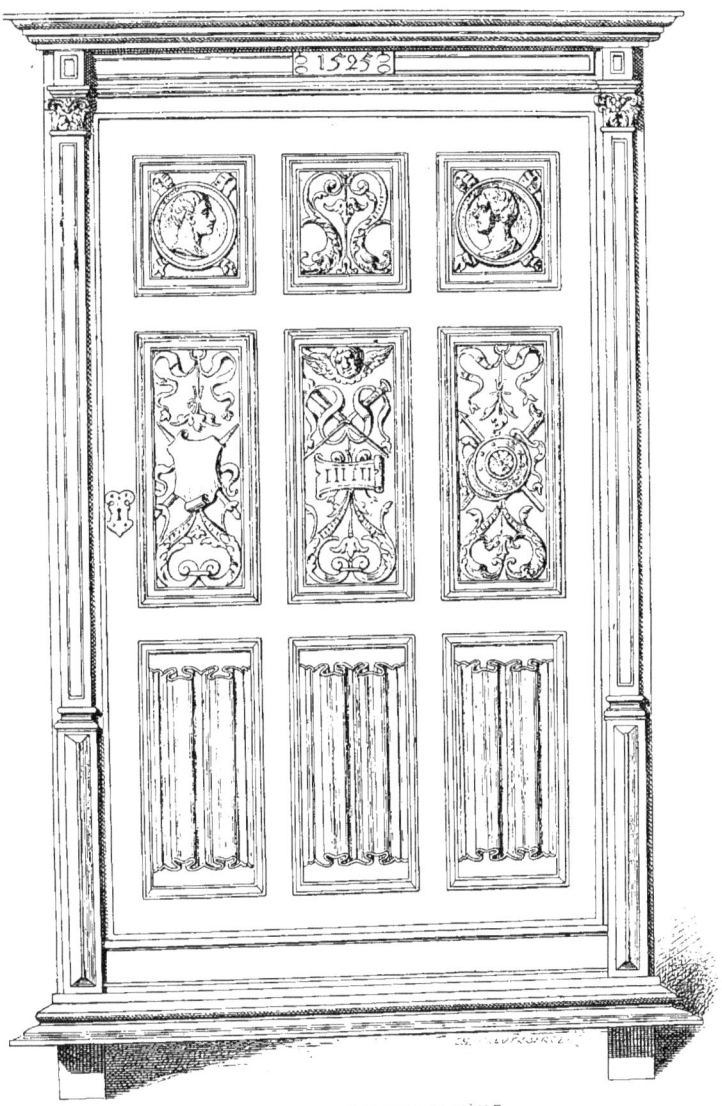

ARMOIRE EN CHÊNE DU XVIe SIÈCLE.

(Collection de M. Bligny.)

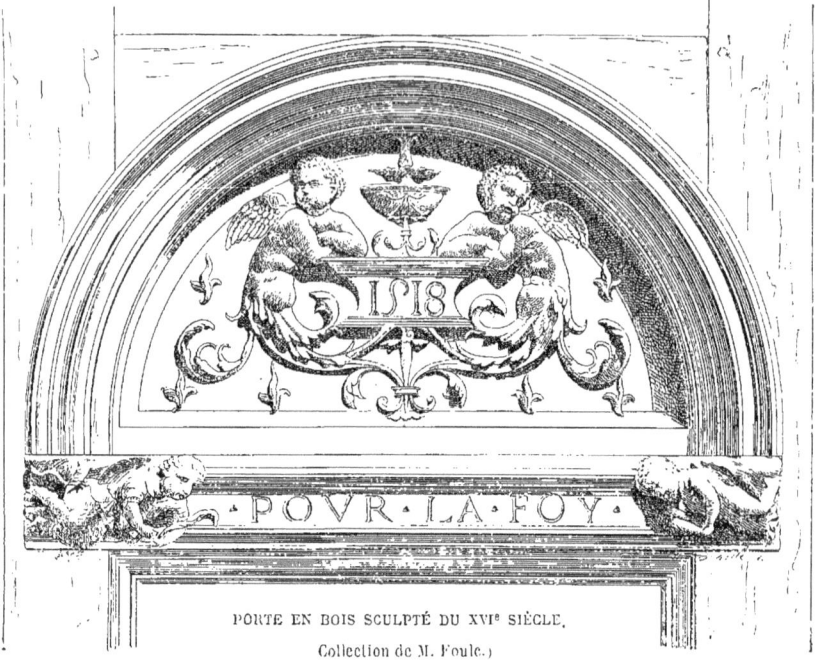

PORTE EN BOIS SCULPTÉ DU XVIᵉ SIÈCLE.
(Collection de M. Foule.)

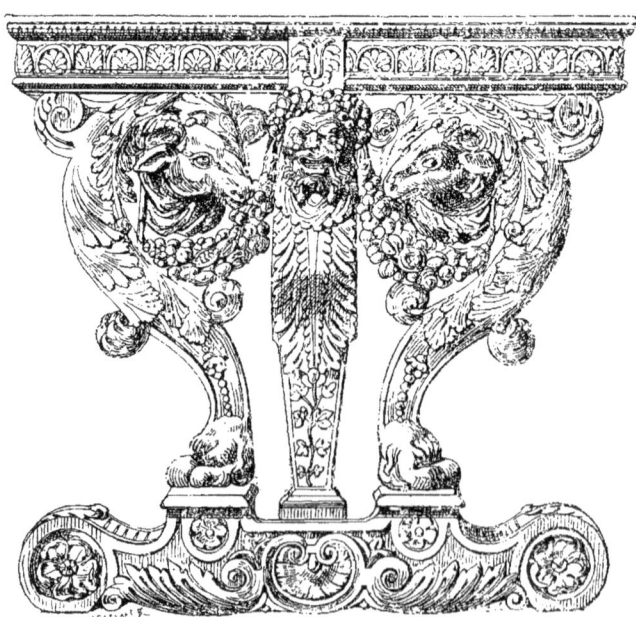

TABLE EN NOYER, HENRI II.
(Hôtel de Ville de Besançon.)

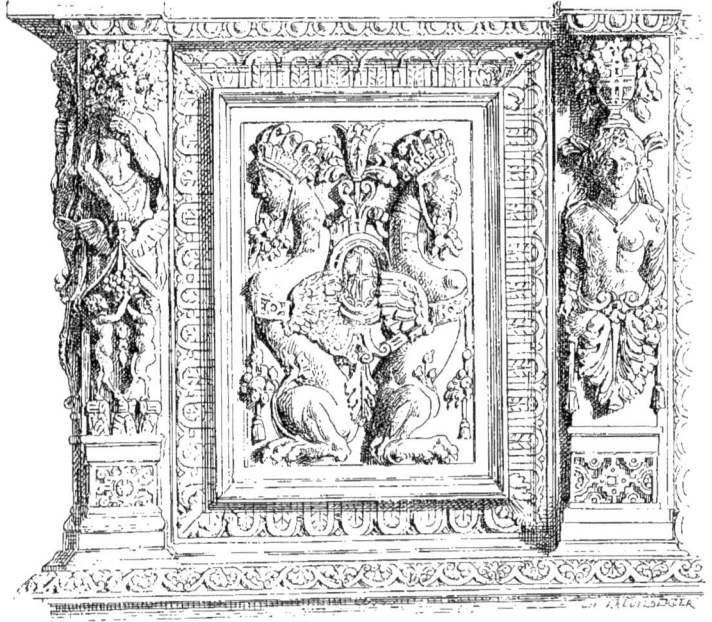

FRAGMENT D'UN DRESSOIR HENRI III.
(Musée du Louvre.)

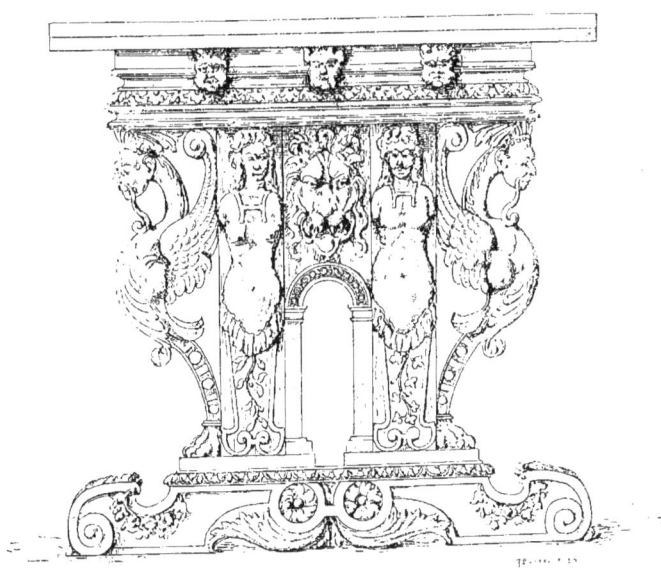

TABLE EN NOYER, HENRI IV.
(Ancienne collection Spitzer.)

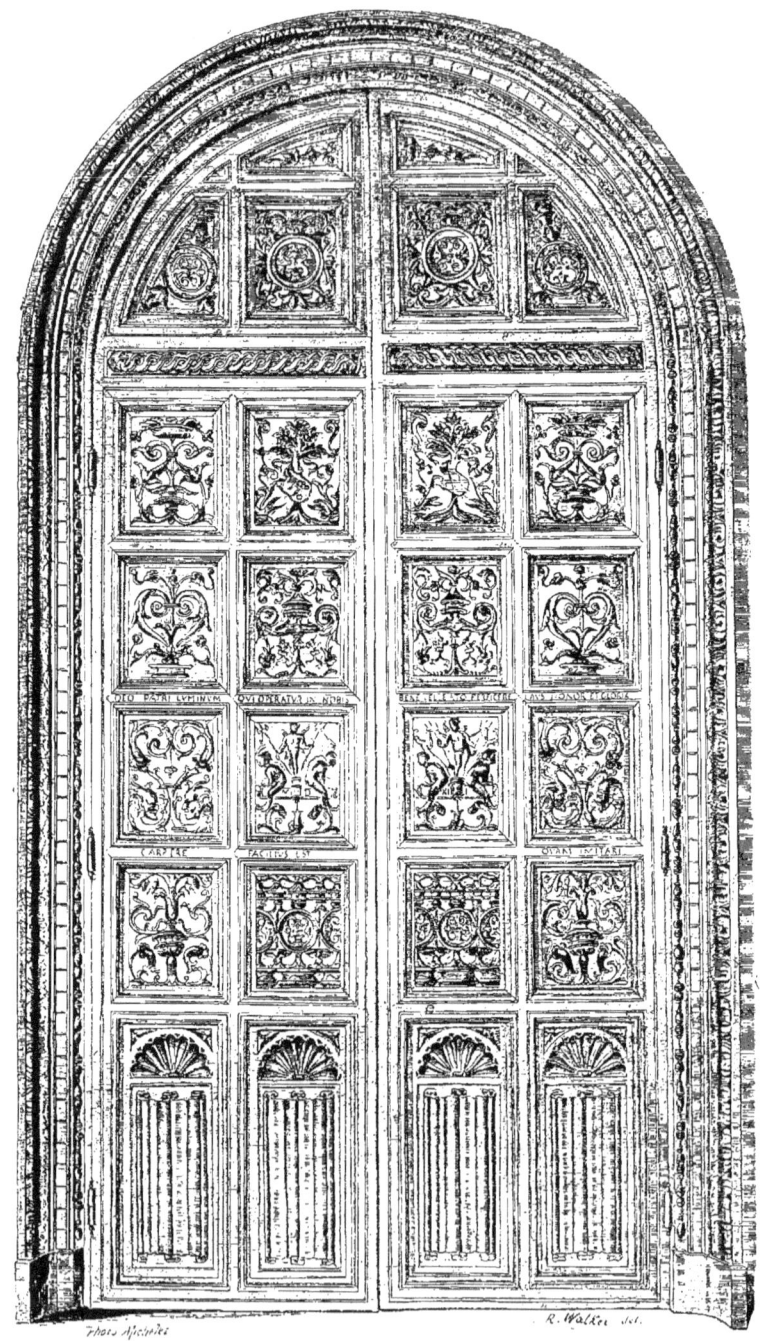

PORTE A DEUX VANTAUX (ESPAGNE, 1541).

(Ancienne collection Spitzer.)

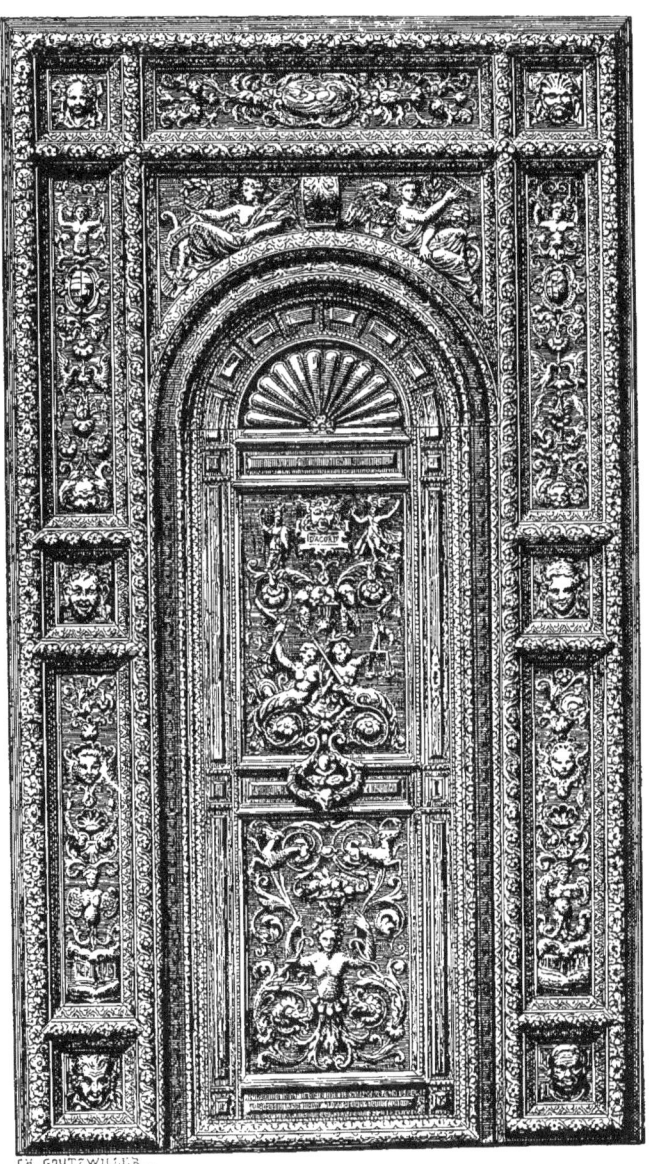

PORTE EN BOIS SCULPTÉ DU CHATEAU DE LAGNASCO (XVIᵉ SIÈCLE).

(Collection de M. le marquis d'Azeglia.)

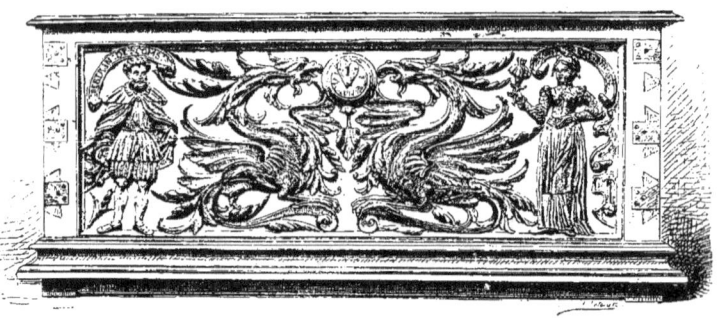

COFFRE EN NOYER DE LA FIN DU XVIᵉ SIÈCLE.

(Musée de Toulouse.)

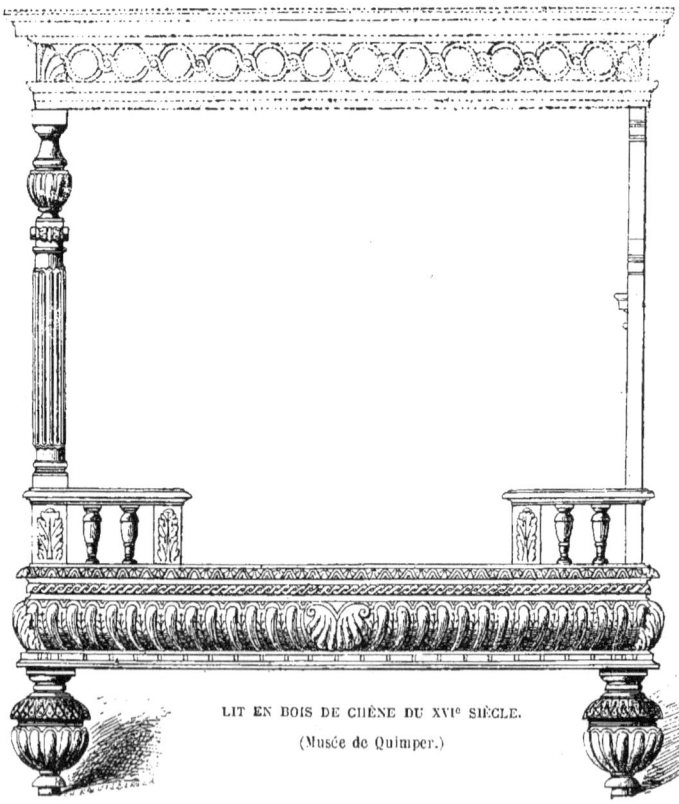

LIT EN BOIS DE CHÊNE DU XVIᵉ SIÈCLE.

(Musée de Quimper.)

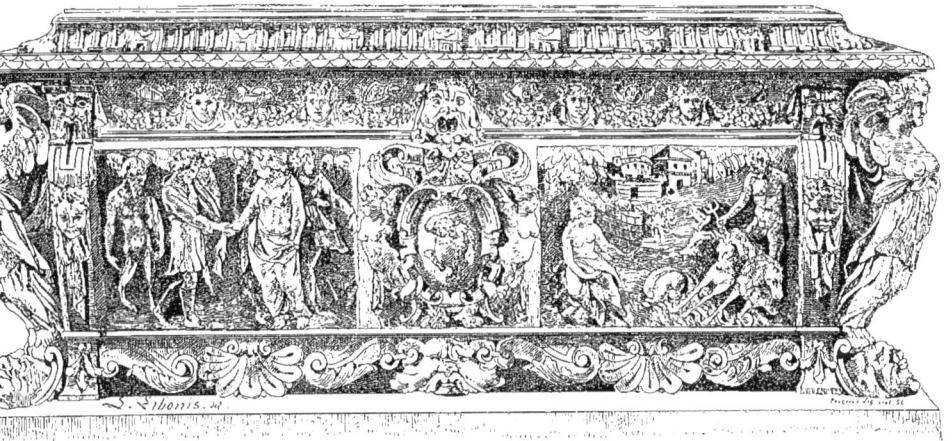

COFFRET DE MARIAGE, ART ITALIEN DU XVIᵉ SIÈCLE.

(Musée de Cluny.)

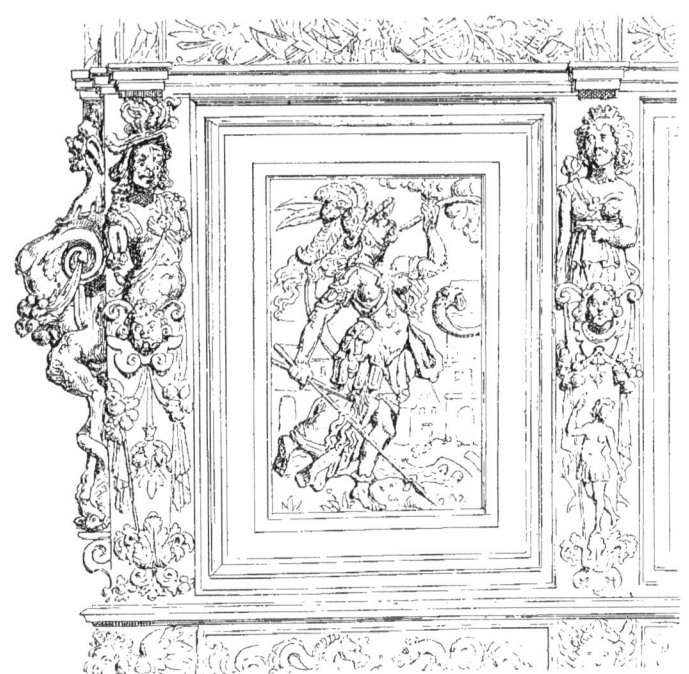

FRAGMENT D'UNE ARMOIRE, HENRI IV.

(Musée du Louvre.)

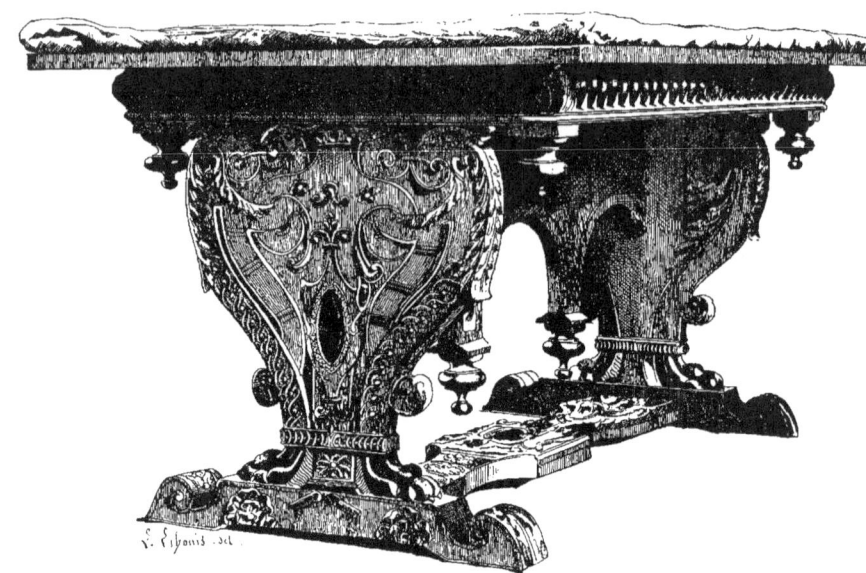

TABLE EN NOYER, TRAVAIL FRANÇAIS DU XVIe SIÈCLE.

(Musée de Cluny.)

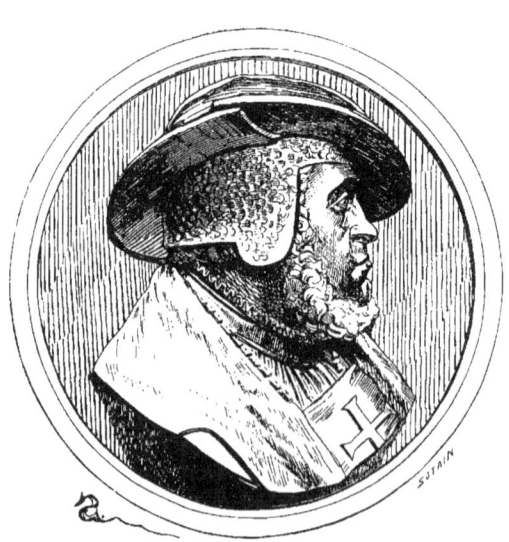

JOSSE TRUCHESS, MÉDAILLON EN BOIS SCULPTÉ DU XVIe SIÈCLE.

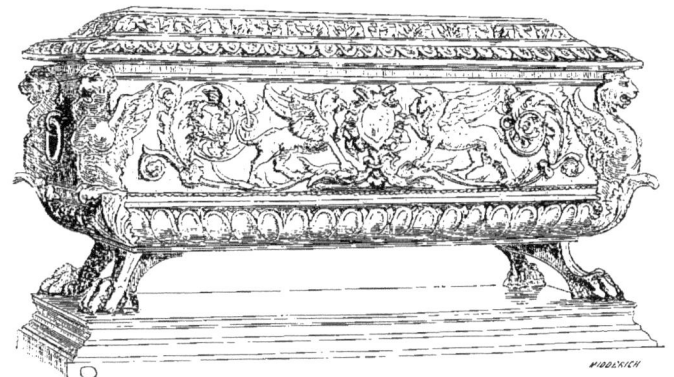

COFFRET EN BOIS SCULPTÉ DU XVIᵉ SIÈCLE.
(Collection de M. Thiers, au Musée du Louvre.)

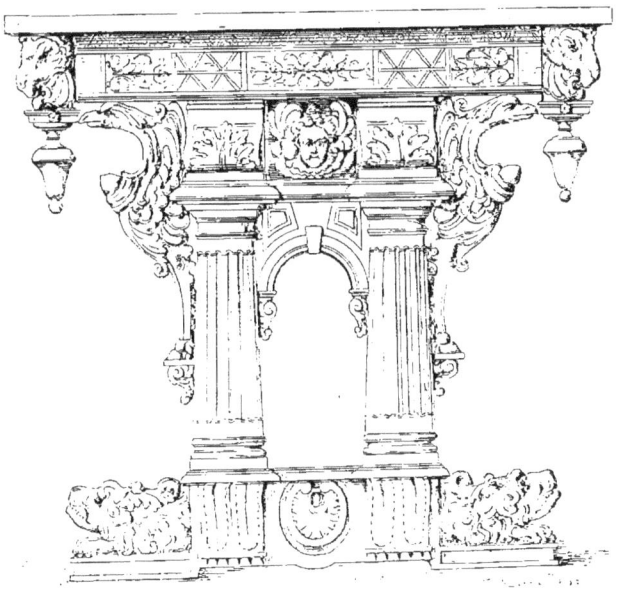

TABLE EN NOYER, HENRI IV.

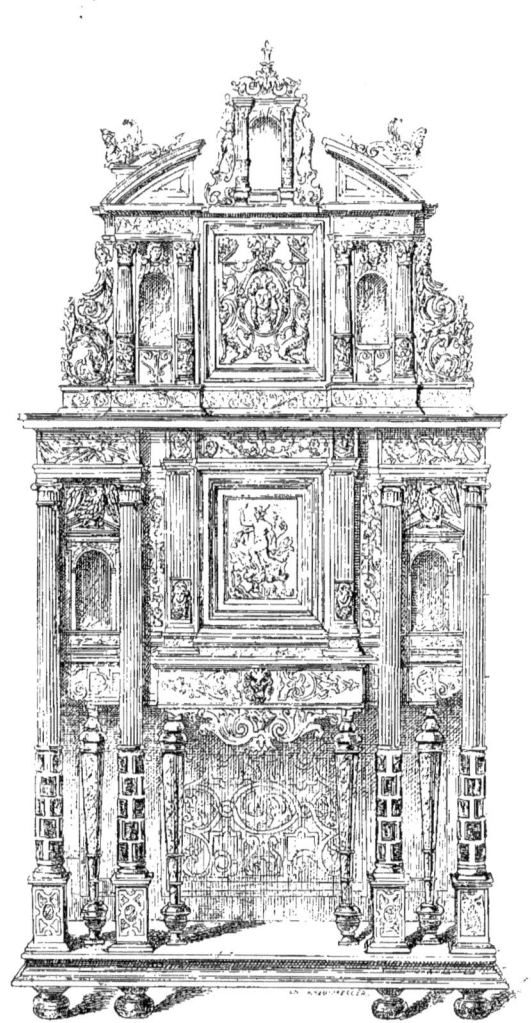

DRESSOIR EN NOYER, HENRI IV.

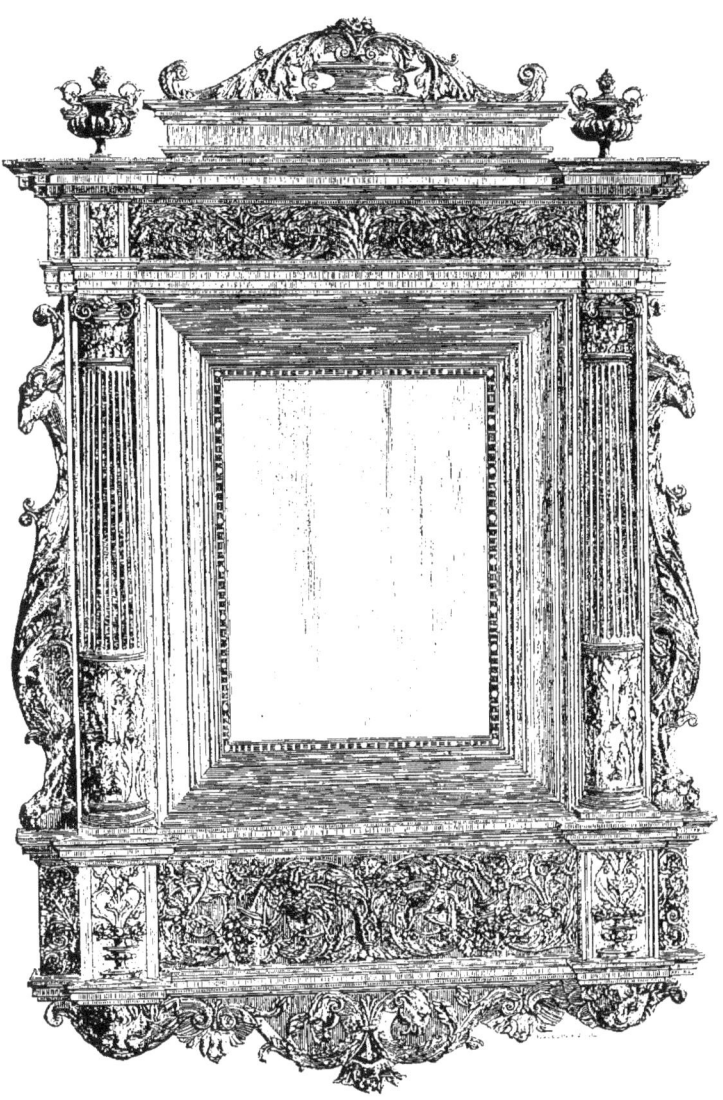

CADRE EN BOIS SCULPTÉ DU XVIe SIÈCLE.

(Collection de M. Demachy.)

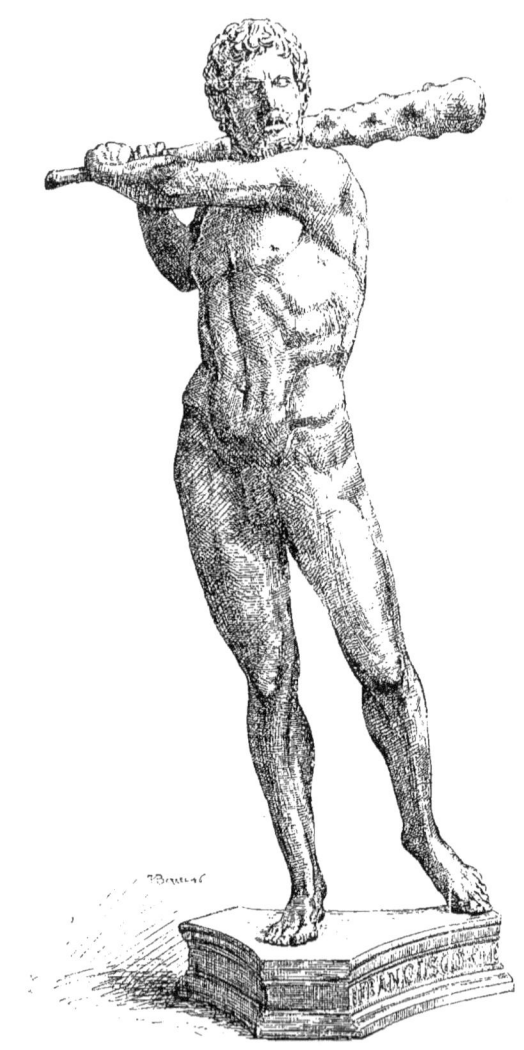

HERCULE, BOIS SCULPTÉ DU XVIᵉ SIÈCLE.

(Collection de sir Richard Wallace.)

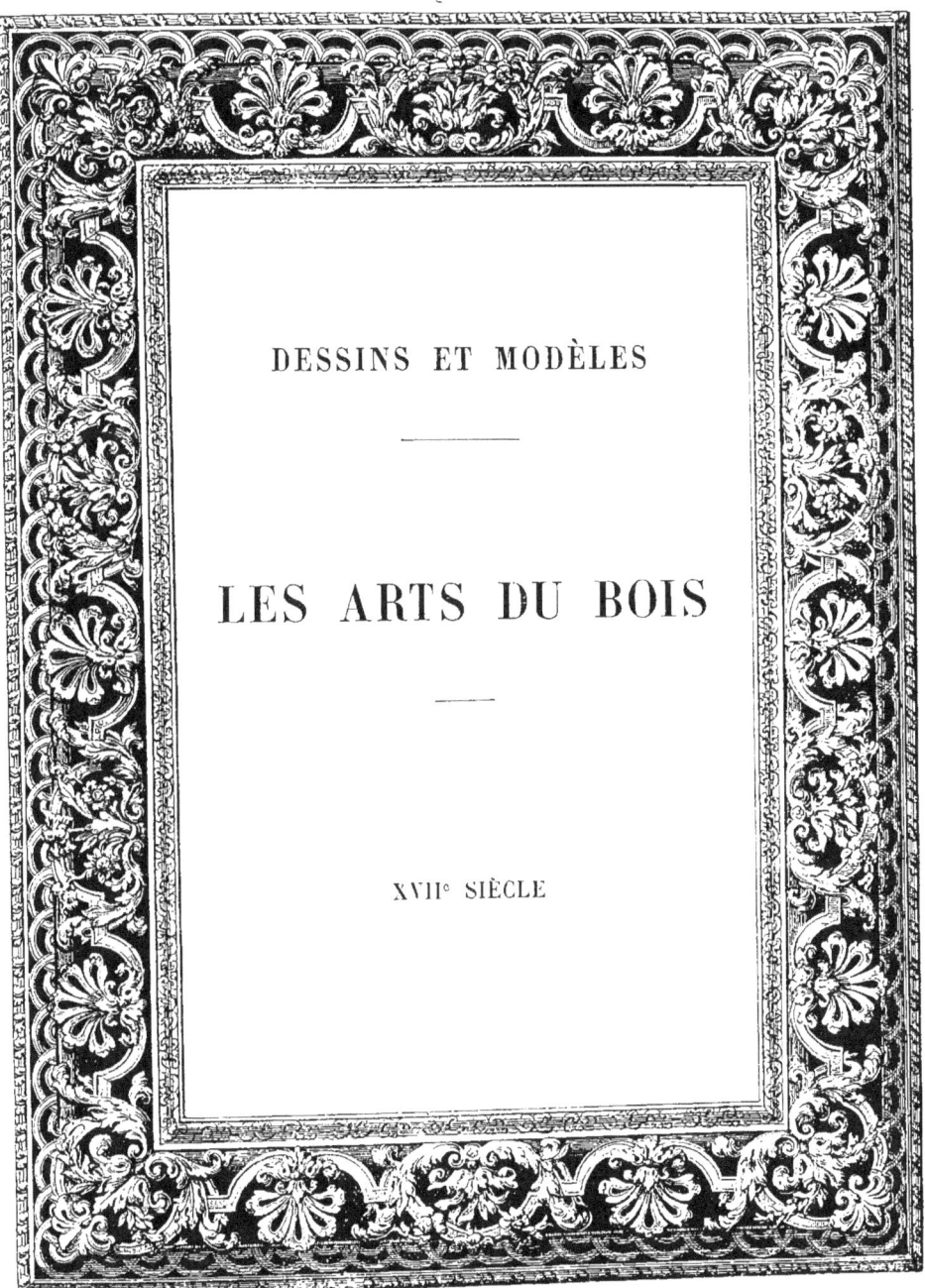

DESSINS ET MODÈLES

LES ARTS DU BOIS

XVIIᵉ SIÈCLE

CH. GOUTZWILLER

CADRE DE MIROIR DU XVIIᵉ SIÈCLE, PAR A.-CH. BOULLE.

(Collection Stein.)

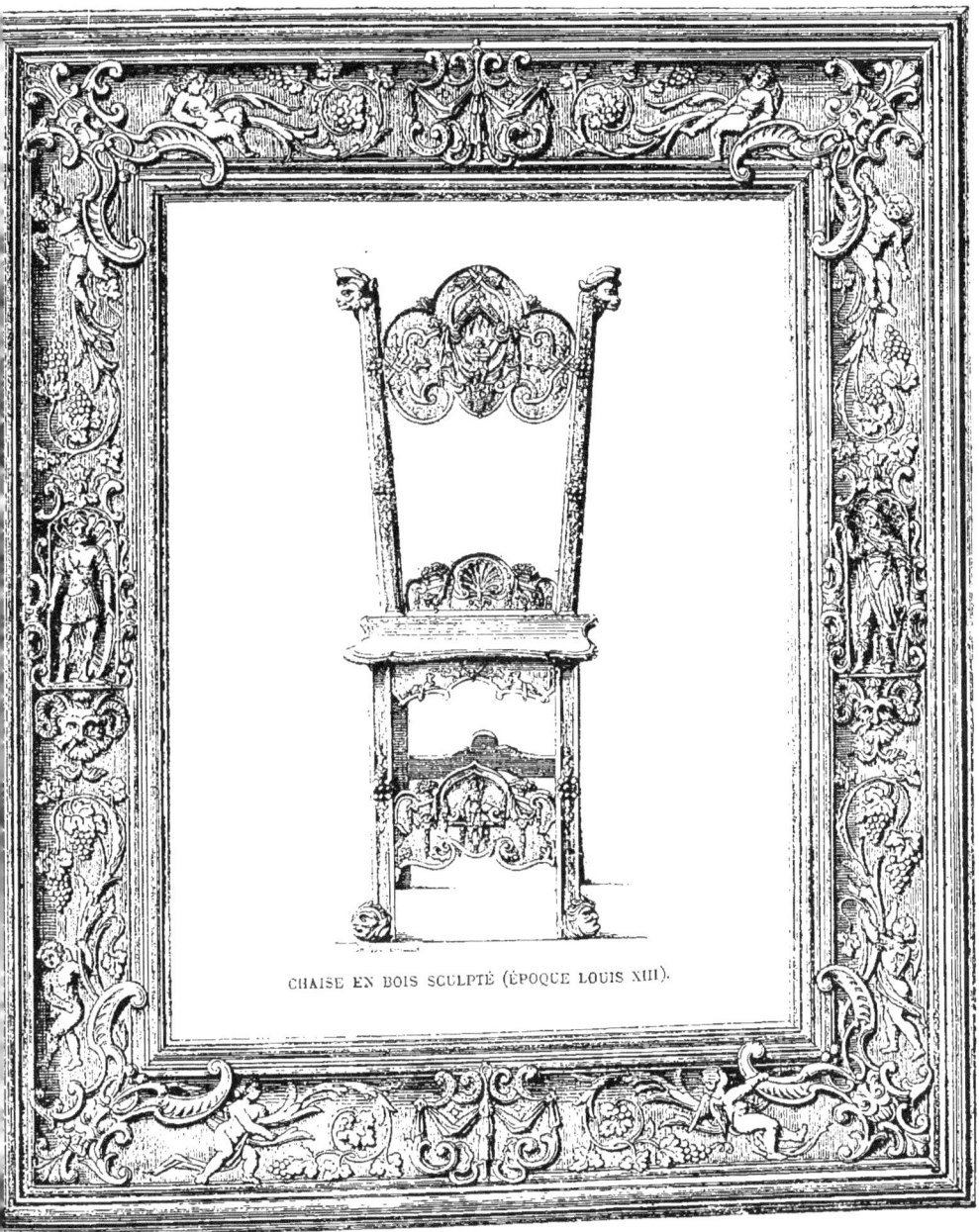

CHAISE EN BOIS SCULPTÉ (ÉPOQUE LOUIS XIII).

CADRE D'ÉBÈNE (ÉPOQUE LOUIS XIII).

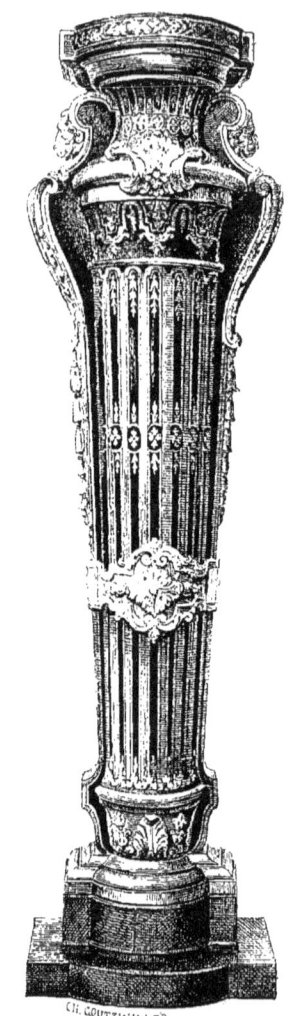

GAINE DU XVIIe SIÈCLE,
PAR A.-CH. BOULLE.

(Collection Stein.)

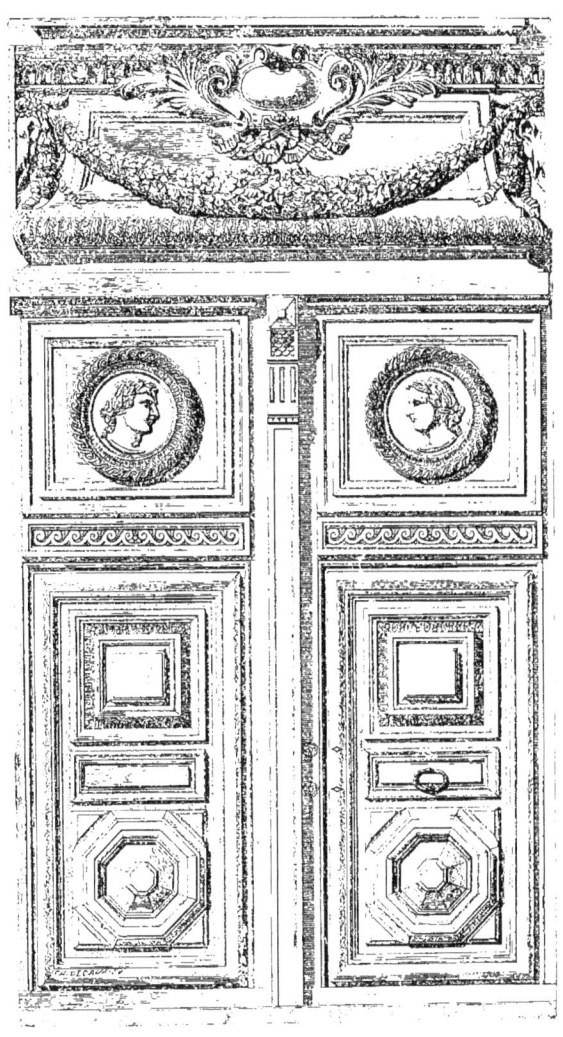

PORTE DE L'HOTEL DE BEAUVAIS (ÉPOQUE LOUIS XIV).

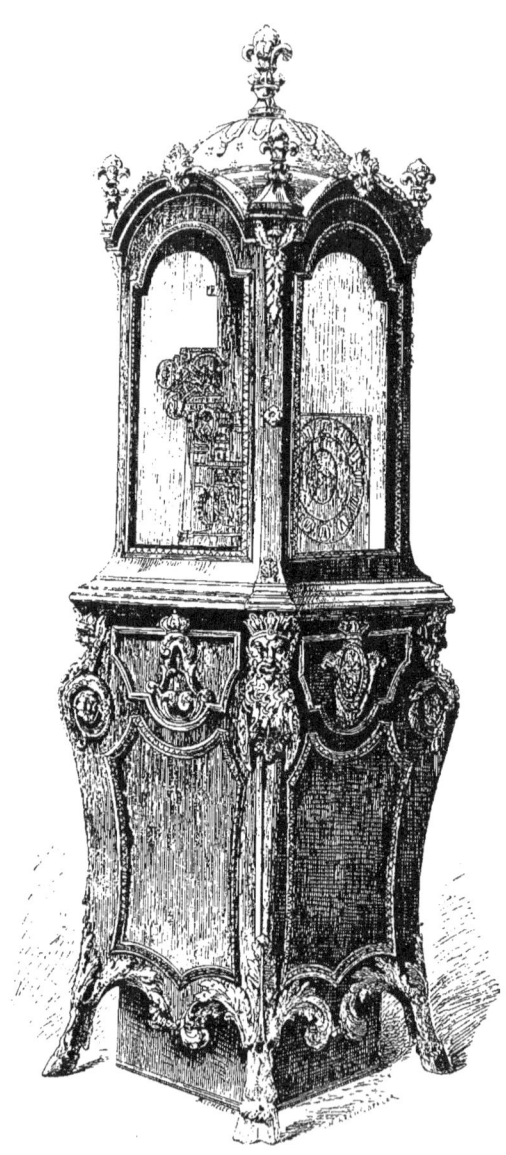

GRANDE HORLOGE EN MARQUETERIE DE BOIS DE ROSE
ET DE VIOLETTE, ORNÉE D'APPLIQUES EN BRONZE DORÉ.

(Commencement du xviiᵉ siècle. — Palais de Versailles.)

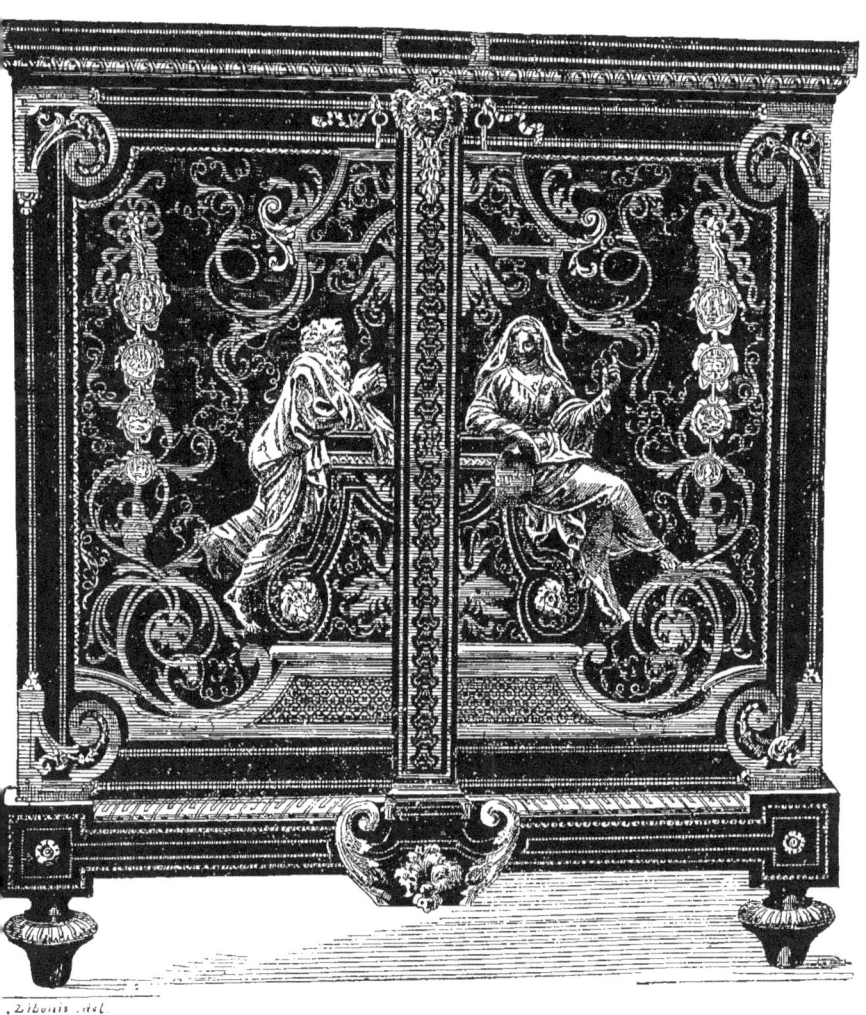

.Zibouis del

MEUBLE A DEUX VANTAUX EN ÉBÈNE AVEC MARQUETERIE DE CUIVRE ET D'ÉCAILLE, STYLE BOULLE.

(Mobilier national.)

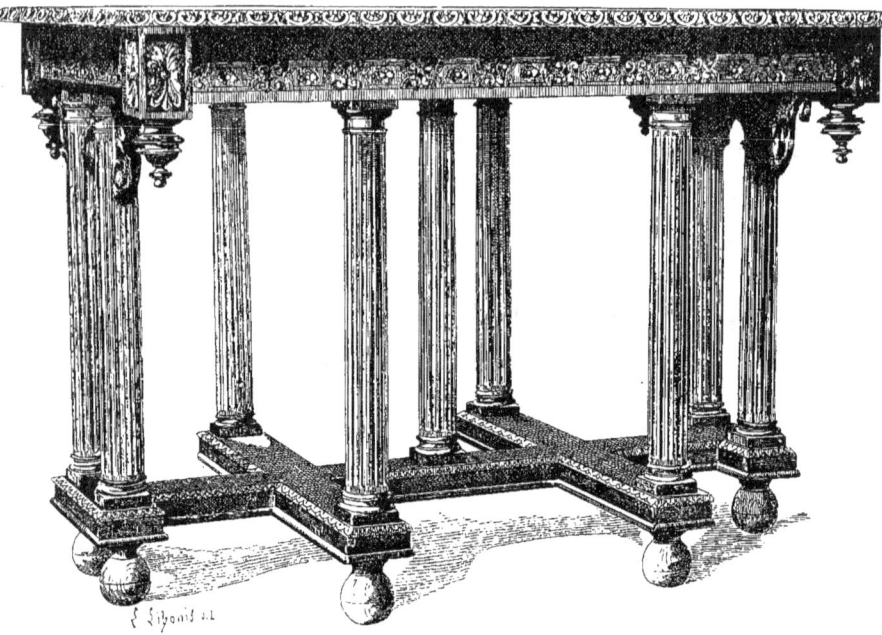

TABLE SUPPORTÉE PAR NEUF COLONNETTES CANNELÉES (XVIIᵉ SIÈCLE).

(Musée de Cluny.)

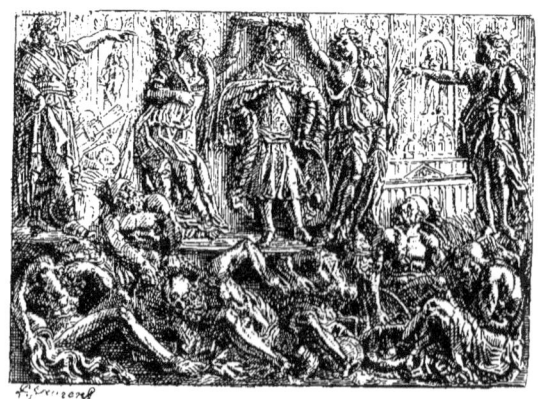

GLORIFICATION DE SOBIESKI, BAS-RELIEF EN BOIS, PAR P. VANNEAU.

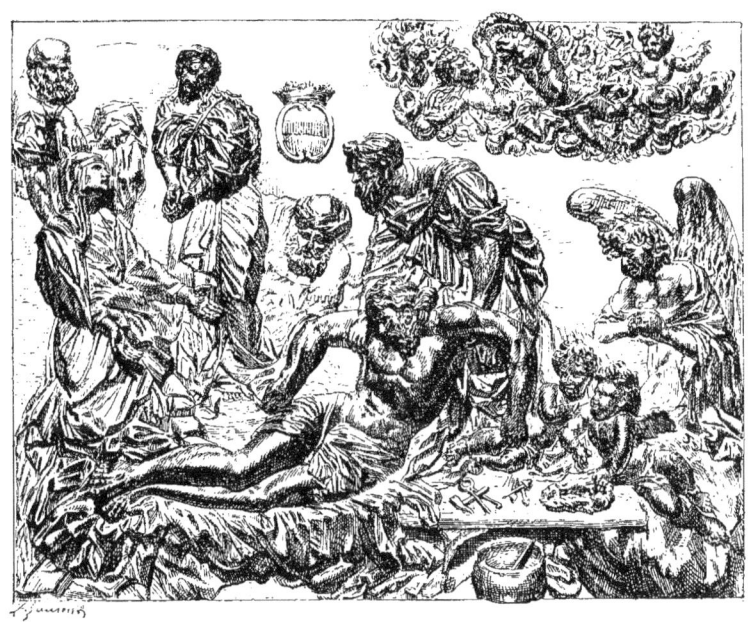

LA DÉPOSITION DE LA CROIX, BAS-RELIEF EN BOIS DU XVIIe SIÈCLE, PAR P. VANNEAU.

(Cathédrale du Puy.)

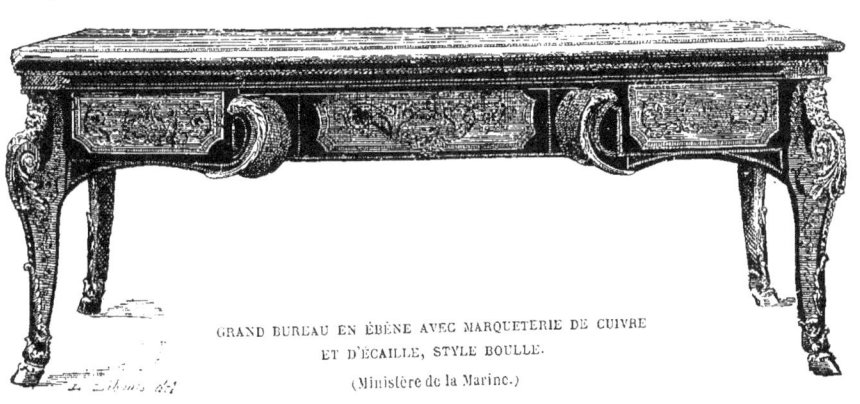

GRAND BUREAU EN ÉBÈNE AVEC MARQUETERIE DE CUIVRE
ET D'ÉCAILLE, STYLE BOULLE.

(Ministère de la Marine.)

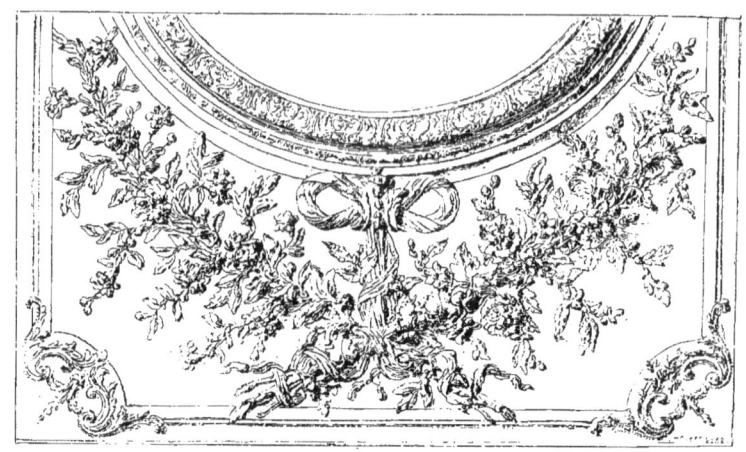

DÉTAIL D'UNE STALLE DE NOTRE-DAME DE PARIS
(SCULPTURE DÉCORATIVE DE LA FIN DU XVIIe SIÈCLE).

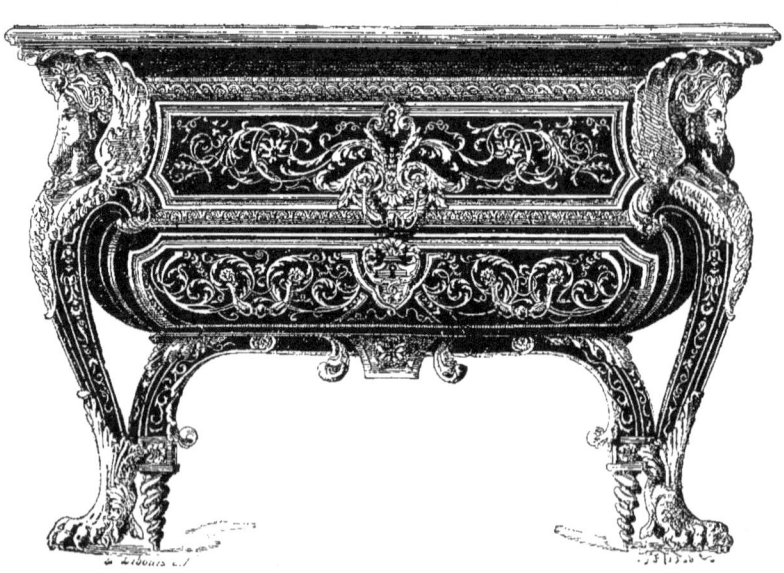

COMMODE EN MARQUETERIE DE CUIVRE SUR FOND D'ÉCAILLE, PAR A.-C. BOULLE.
(Bibliothèque Mazarine.)

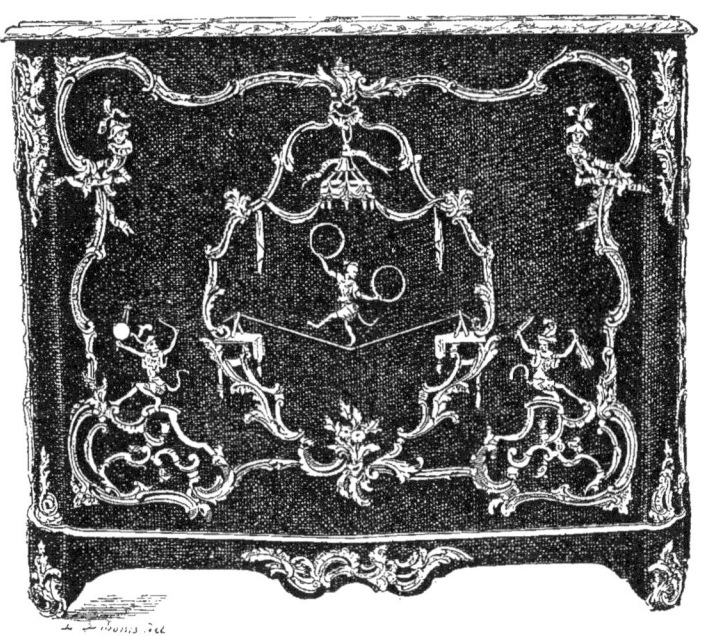

MEUBLE D'APPUI, ORNÉ DE CUIVRES CISELÉS, STYLE CRESCENT.

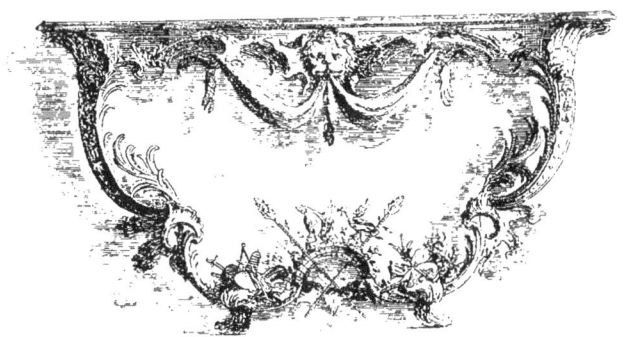

PROJET DE CONSOLE, PAR FRANÇOIS DE CUVILLIÉS.

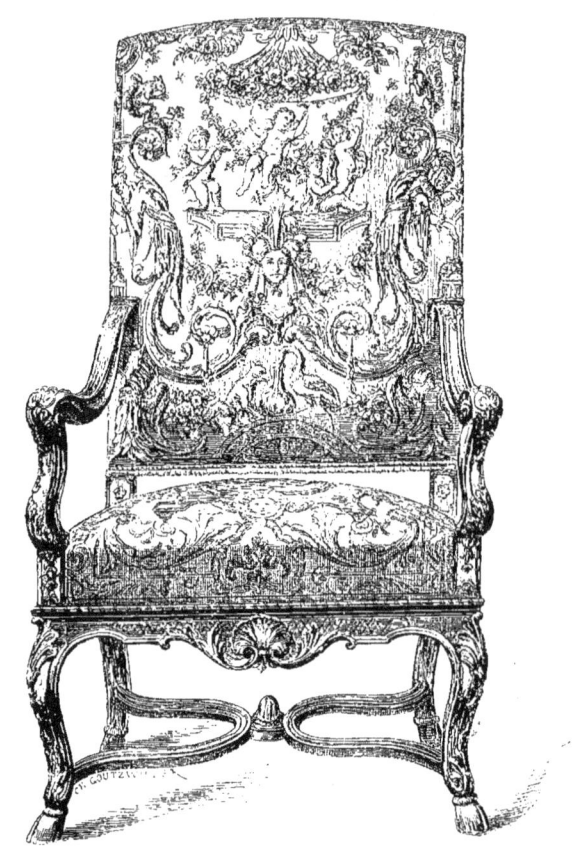

FAUTEUIL EN BOIS DORÉ, AVEC BRODERIE AU PETIT POINT
(ÉPOQUE DE LOUIS XIV).

(Collection de M. Barre.)

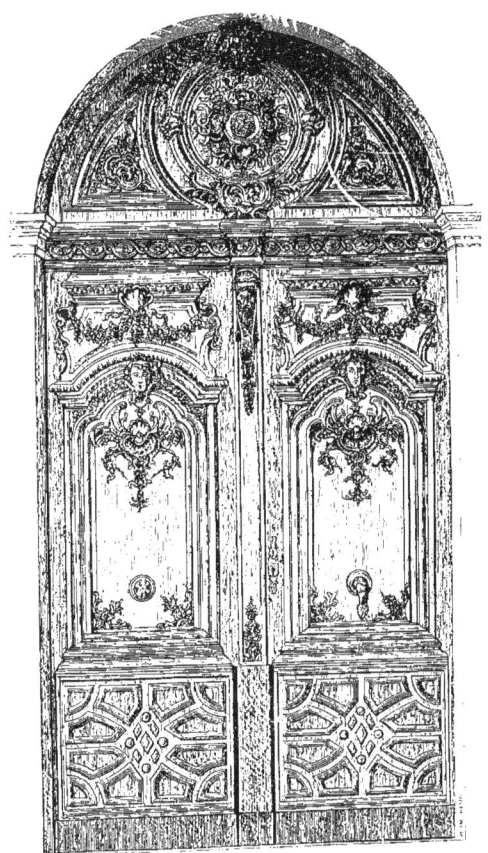

PORTE DE L'HOTEL D'ARLATAN-LAURIS, A AIX, PAR TORO.

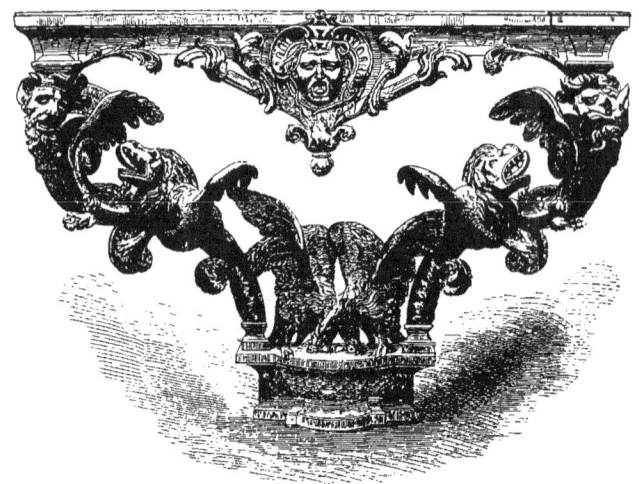

CONSOLE DU XVIIᵉ SIÈCLE, PAR TORO
(Collection de M. le marquis de Tressemanes.)

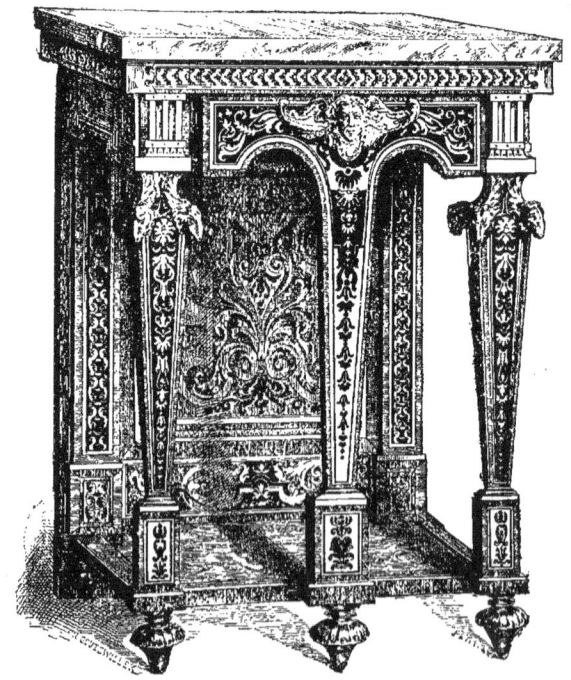

CONSOLE DE BOULLE EN MARQUETERIE (XVIIᵉ SIÈCLE).
(Musée du Louvre.)

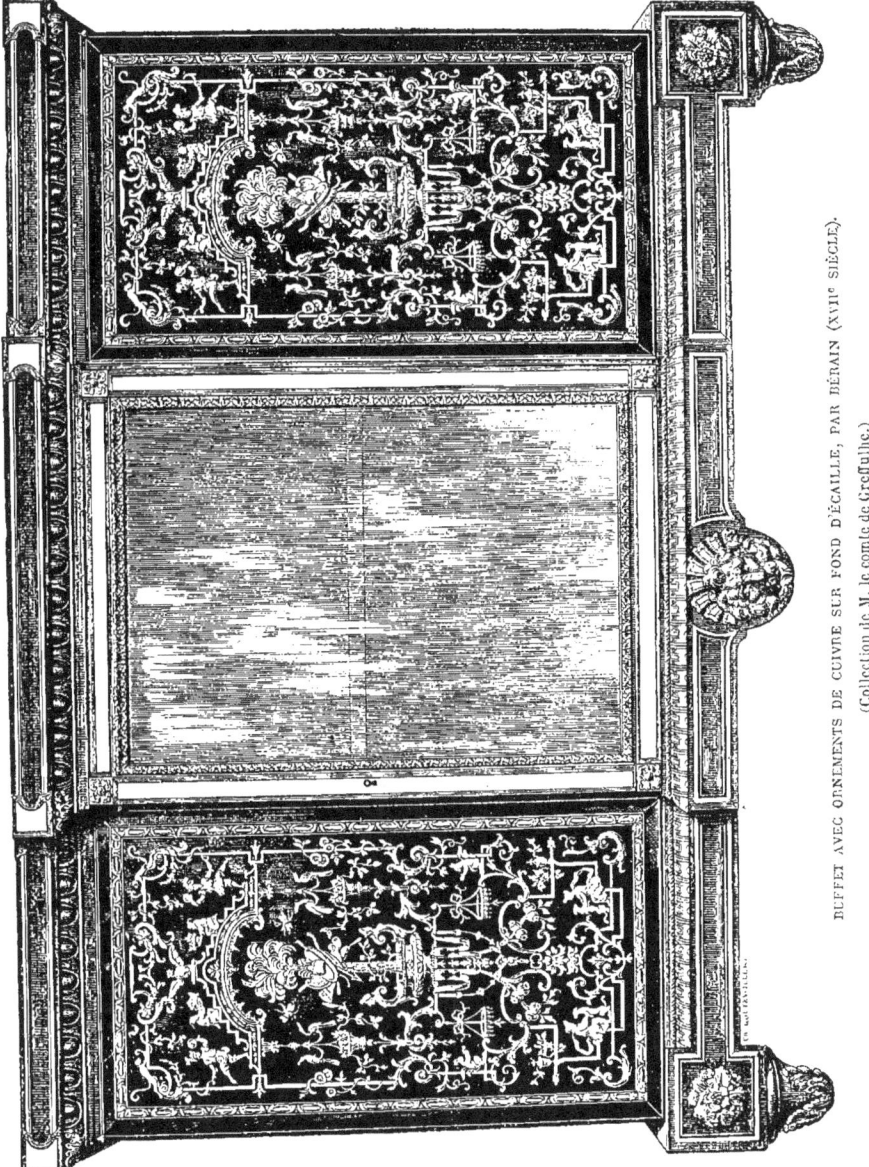

BUFFET AVEC ORNEMENTS DE CUIVRE SUR FOND D'ÉCAILLE, PAR BÉRAIN (XVIIe SIÈCLE).

(Collection de M. le comte de Greffulhe.)

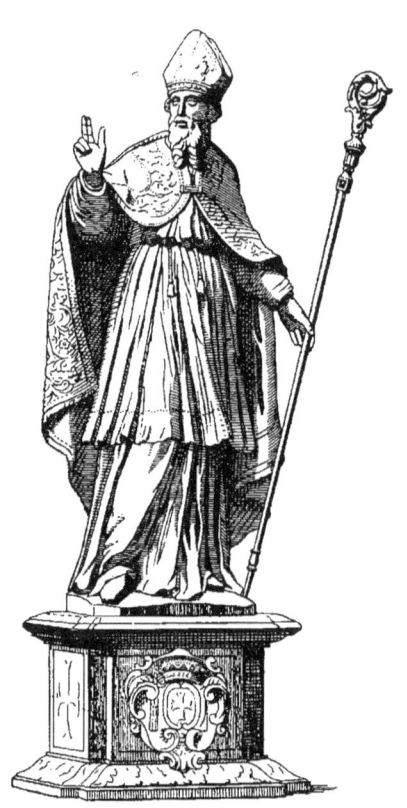

ÉVÊQUE, BOIS SCULPTÉ DE BAGARD.

(Armes de Georges d'Aubusson, évêque de Metz, mort en 1697.)

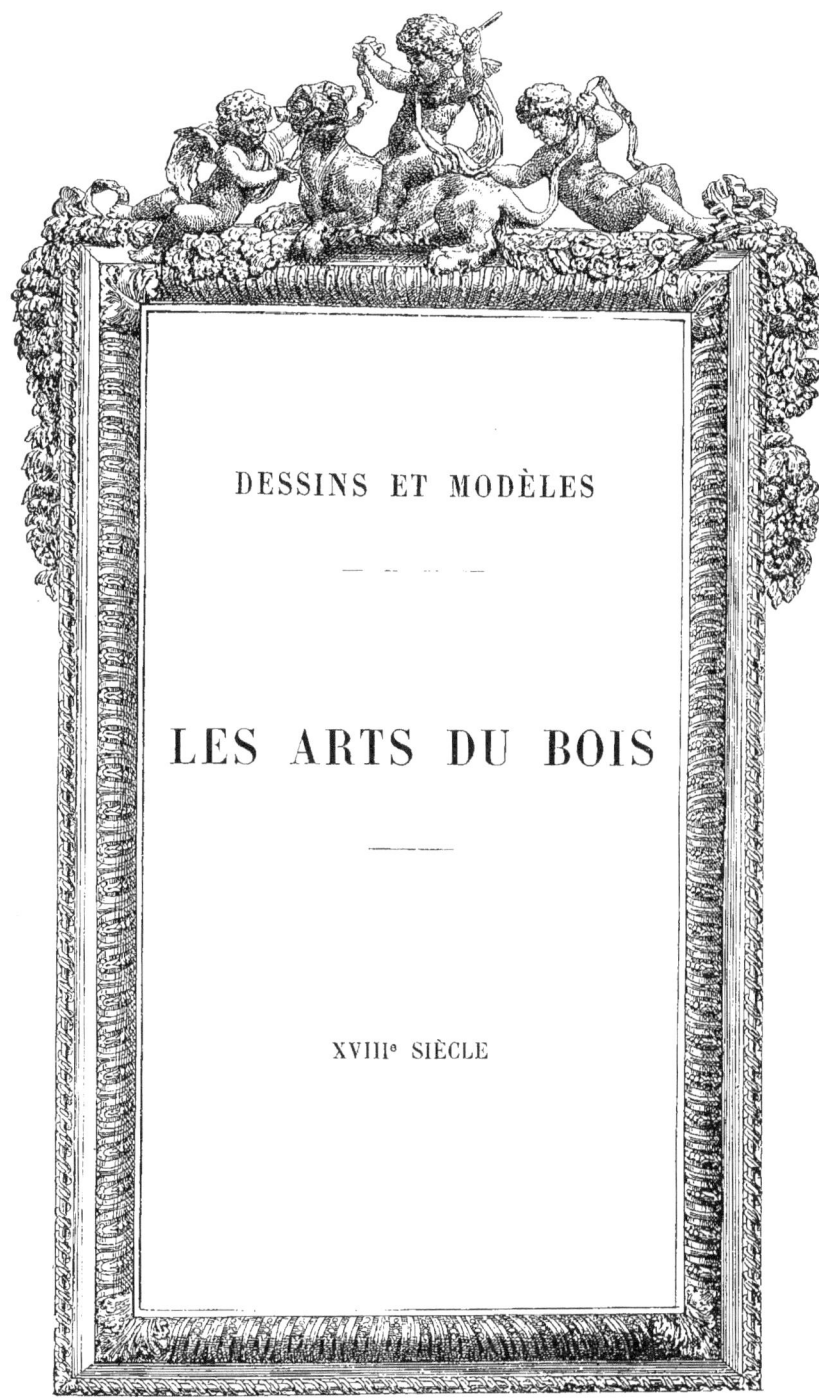

DESSINS ET MODÈLES

LES ARTS DU BOIS

XVIIIᵉ SIÈCLE

CADRE DE MIROIR (TRAVAIL DE LA FIN DU XVIIᵉ SIÈCLE).

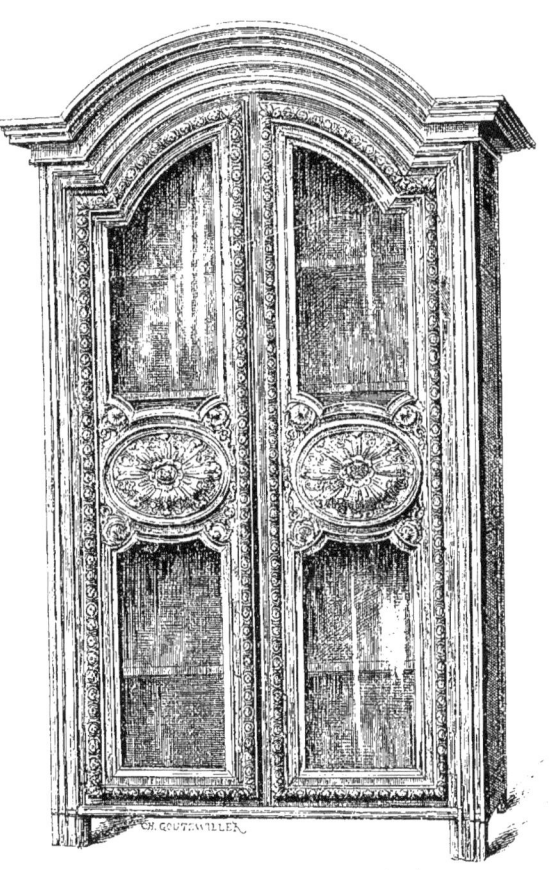

ARMOIRE DE LA RÉGENCE (XVIIIe SIÈCLE).

(Collection de M. Gaston Le Breton).

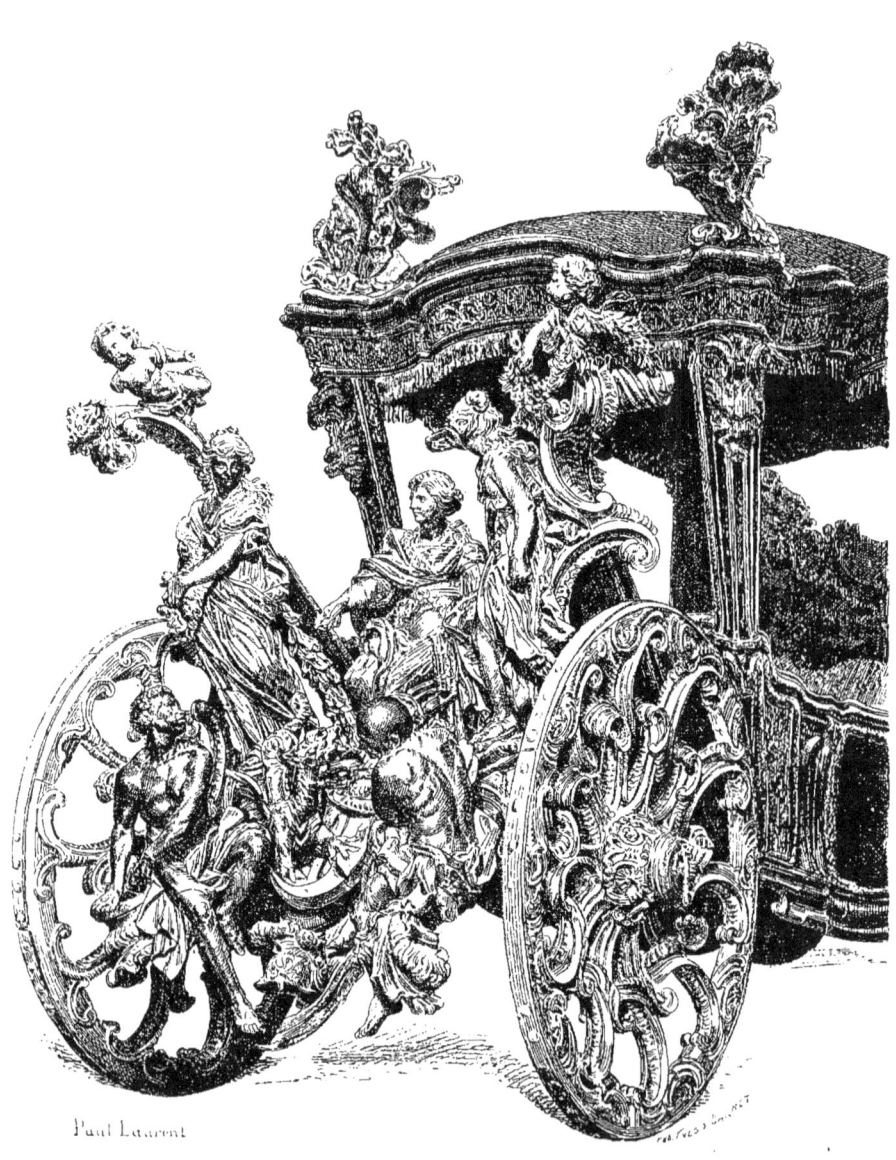

Paul Laurent

CARROSSE DU ROI JEAN V, ŒUVRE DE TALHA.

(Commencement du XVIII⁰ siècle.)

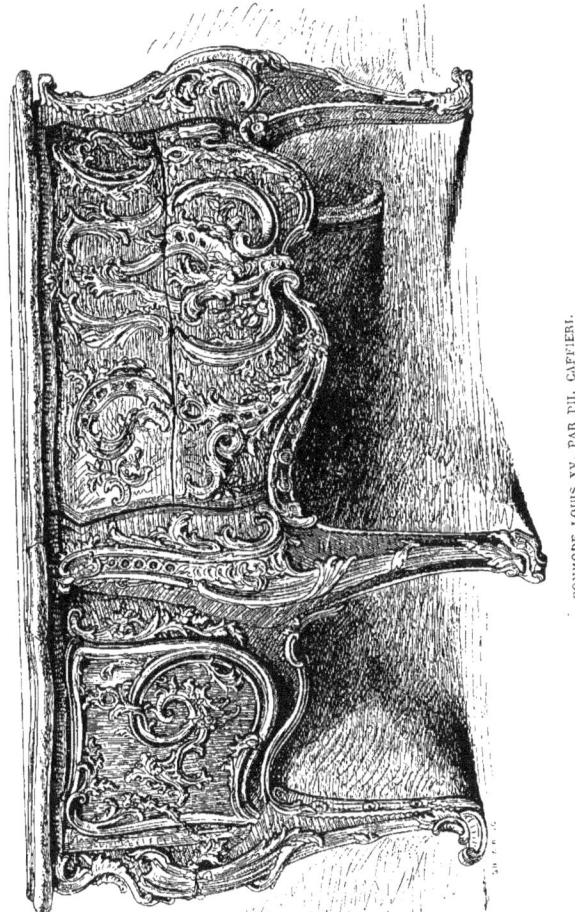

COMMODE LOUIS XV, PAR PH. CAFFIERI.

(Collection de M. le marquis d'Hertford.)

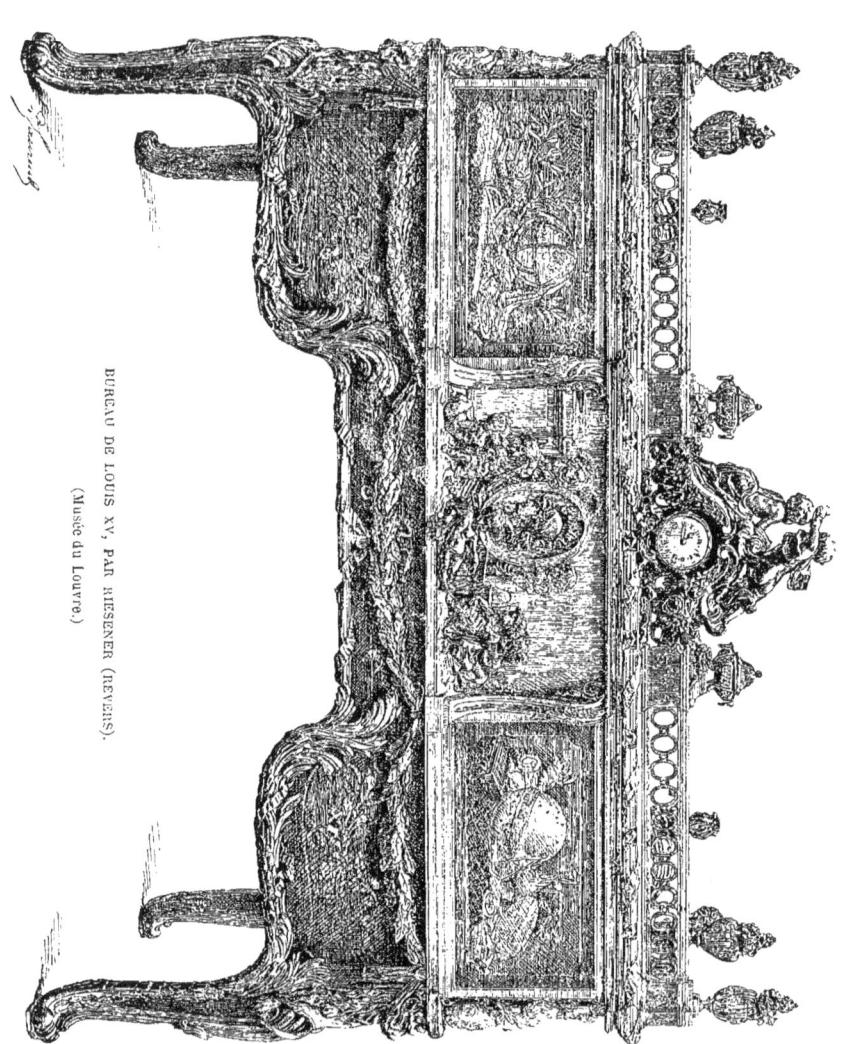

BUREAU DE LOUIS XV, PAR RIESENER (REVERS).

(Musée du Louvre.)

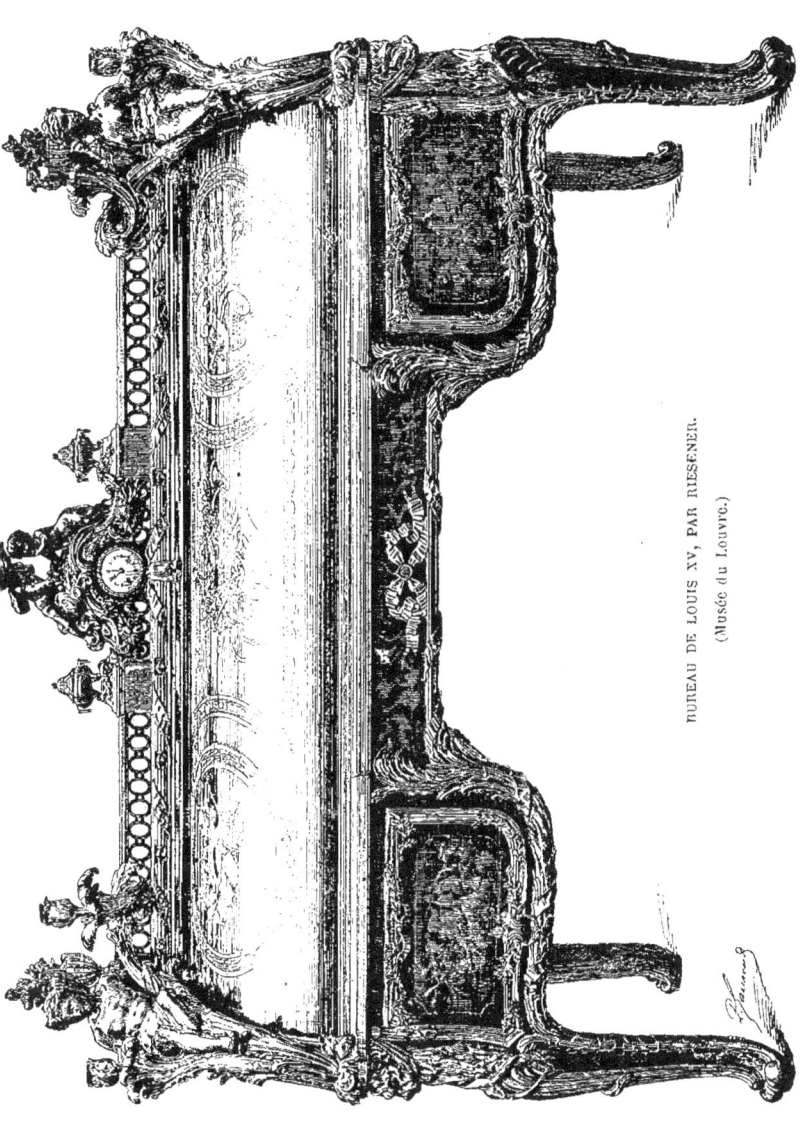

BUREAU DE LOUIS XV, PAR RIESENER.

(Musée du Louvre.)

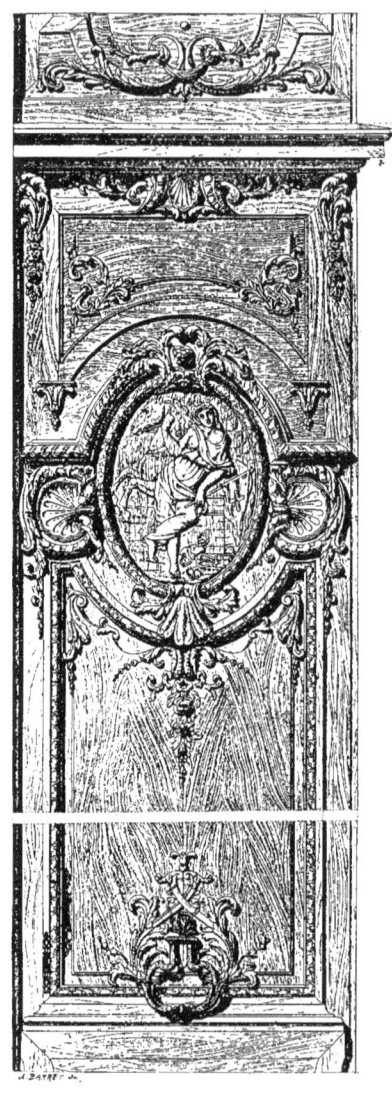

VANTAIL DE PORTE
(COMMENCEMENT DU XVIIIᵉ SIÈCLE).

(Rue du Bac, à Paris.)

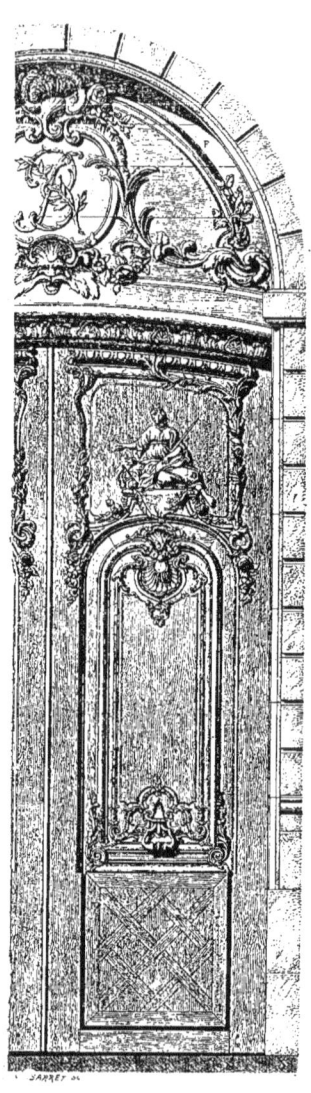

VANTAIL DE PORTE
(COMMENCEMENT DU XVIIIᵉ SIÈCLE).

(Rue du Bac, à Paris.)

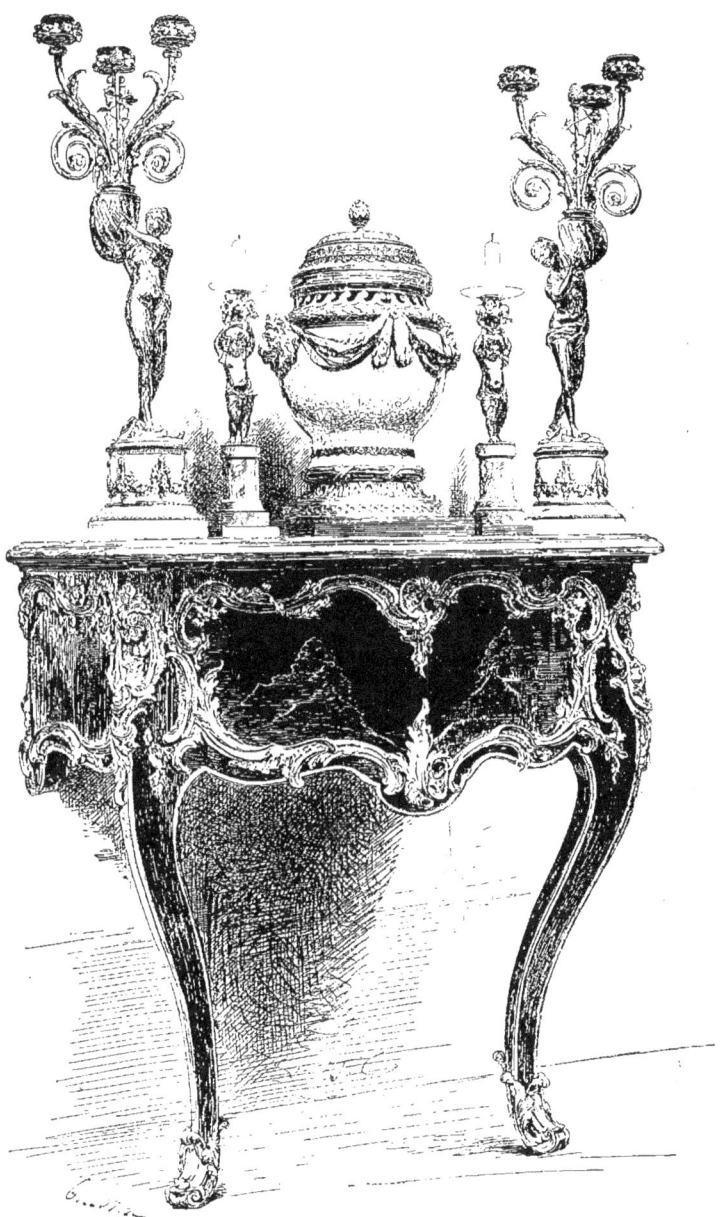

CONSOLE DE LAQUE ORNÉE DE CUIVRES CISELÉS, STYLE LOUIS XV.
POTICHE CHINOISE EN CRAQUELÉ ET GARNITURE DE CHEMINÉE LOUIS XVI.

(Collection de M. le comte Henri de Greffulhe.)

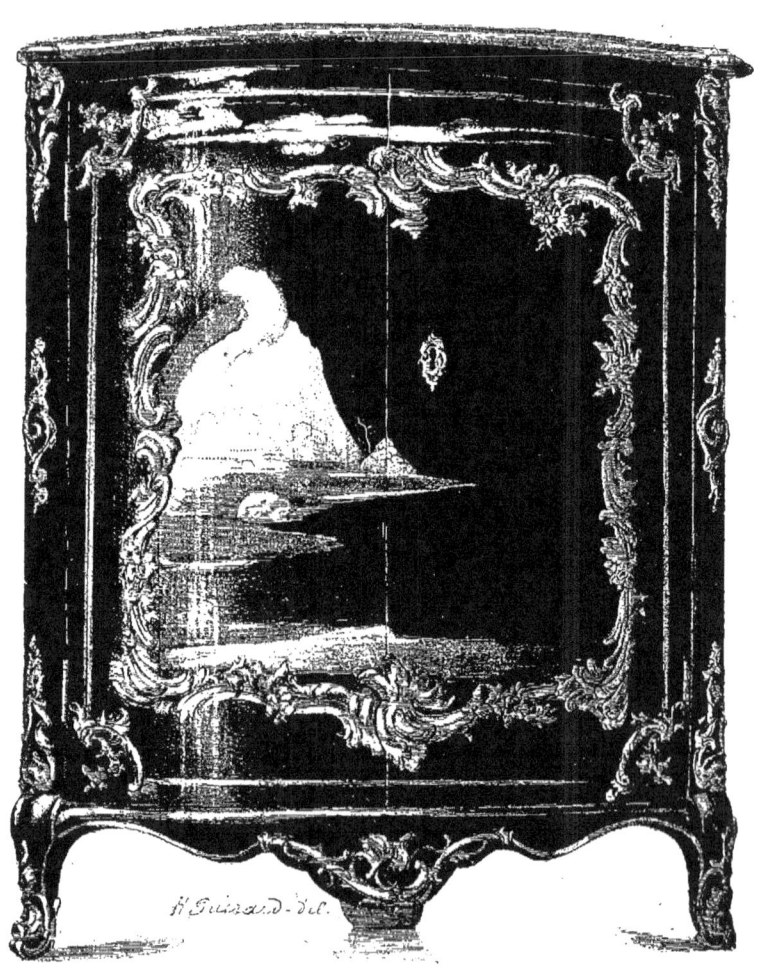

ENCOIGNURE LOUIS XV, LAQUE DU JAPON ET BRONZE DORÉ.

(Collection Stein.)

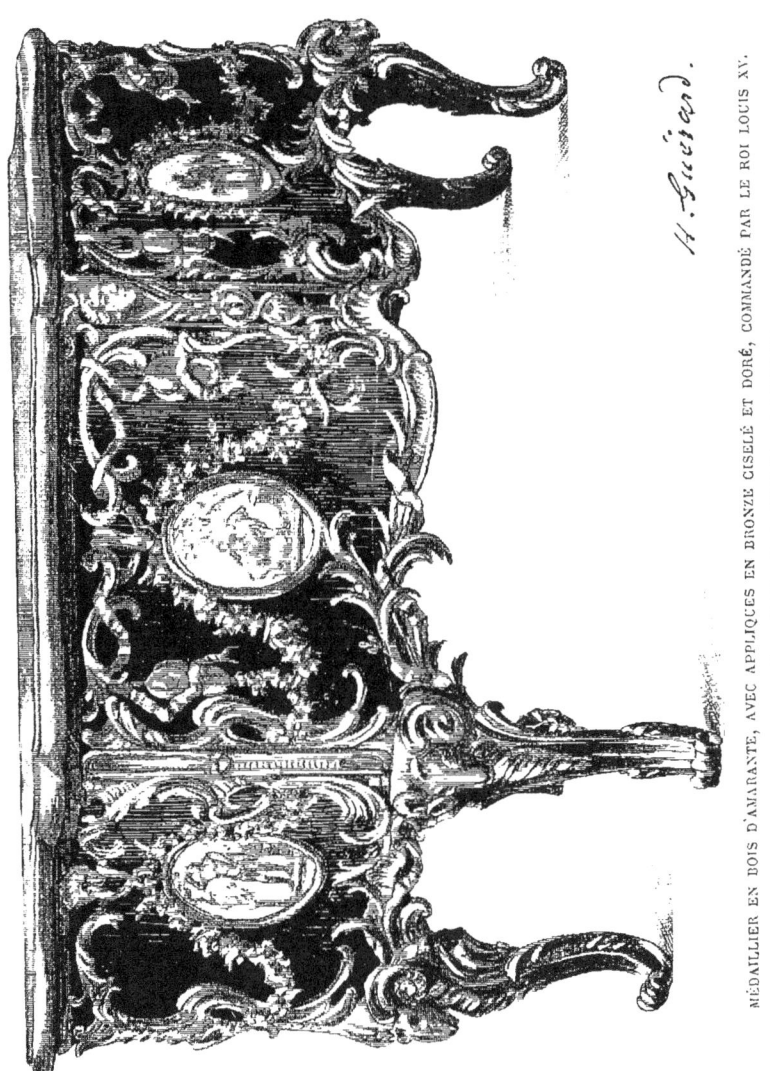

H. Guérard.

MÉDAILLIER EN BOIS D'AMARANTE, AVEC APPLIQUES EN BRONZE CISELÉ ET DORÉ, COMMANDÉ PAR LE ROI LOUIS XV.

(Cabinet des médailles de la Bibliothèque nationale.)

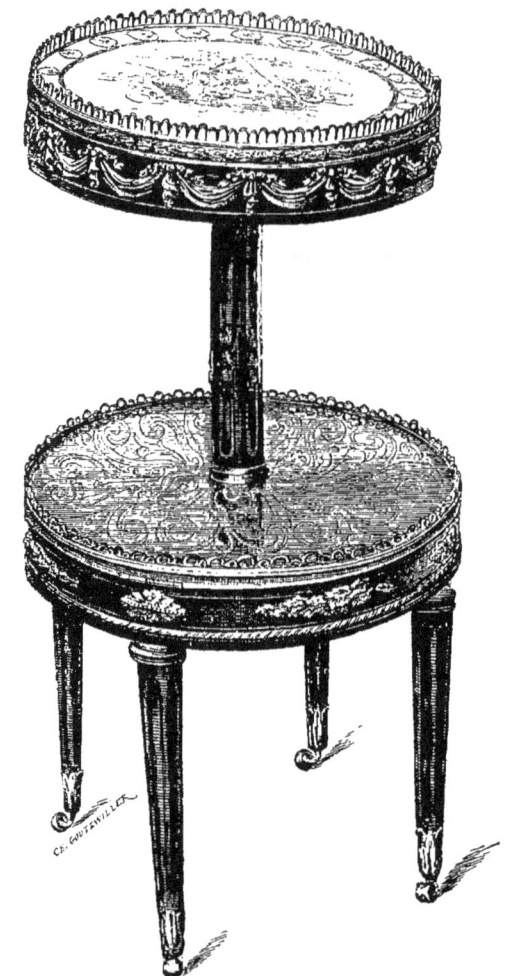

TABLE A OUVRAGE DE MARIE-ANTOINETTE, PAR MARTIN CARLIN.

(South Kensington Museum.)

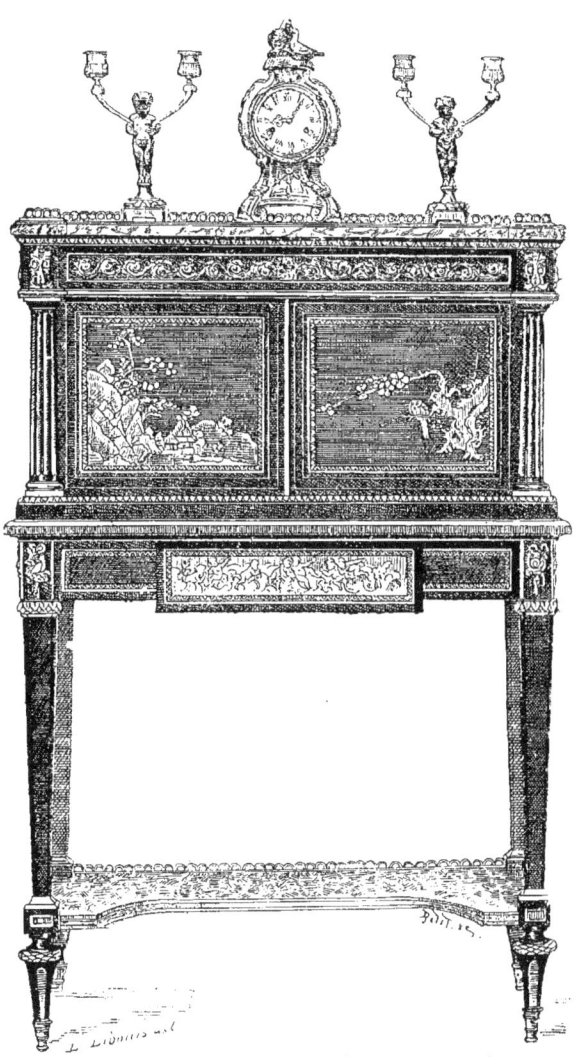

SECRÉTAIRE EN VERNIS MARTIN (ÉPOQUE LOUIS XVI).

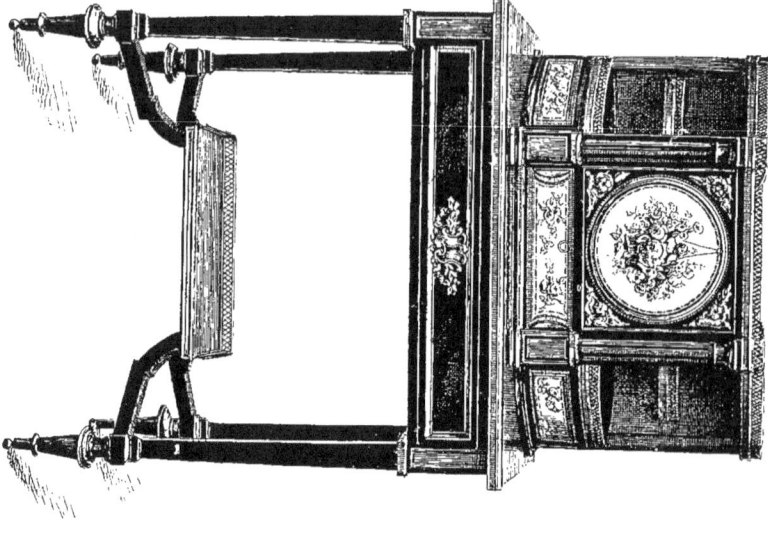

BUREAU AVEC SECRÉTAIRE, ORNÉ DE PLAQUES DE SÈVRES,
PAR RIESENER.

(South Kensington Museum.)

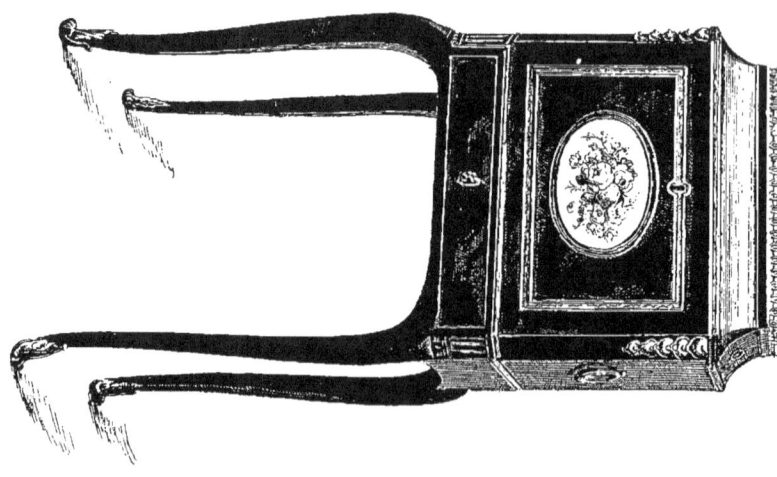

PETIT SECRÉTAIRE EN BOIS D'AMARANTE,
ORNÉ D'UNE PLAQUE DE SÈVRES, PAR DIONNIEZ.

(South Kensington Museum.)

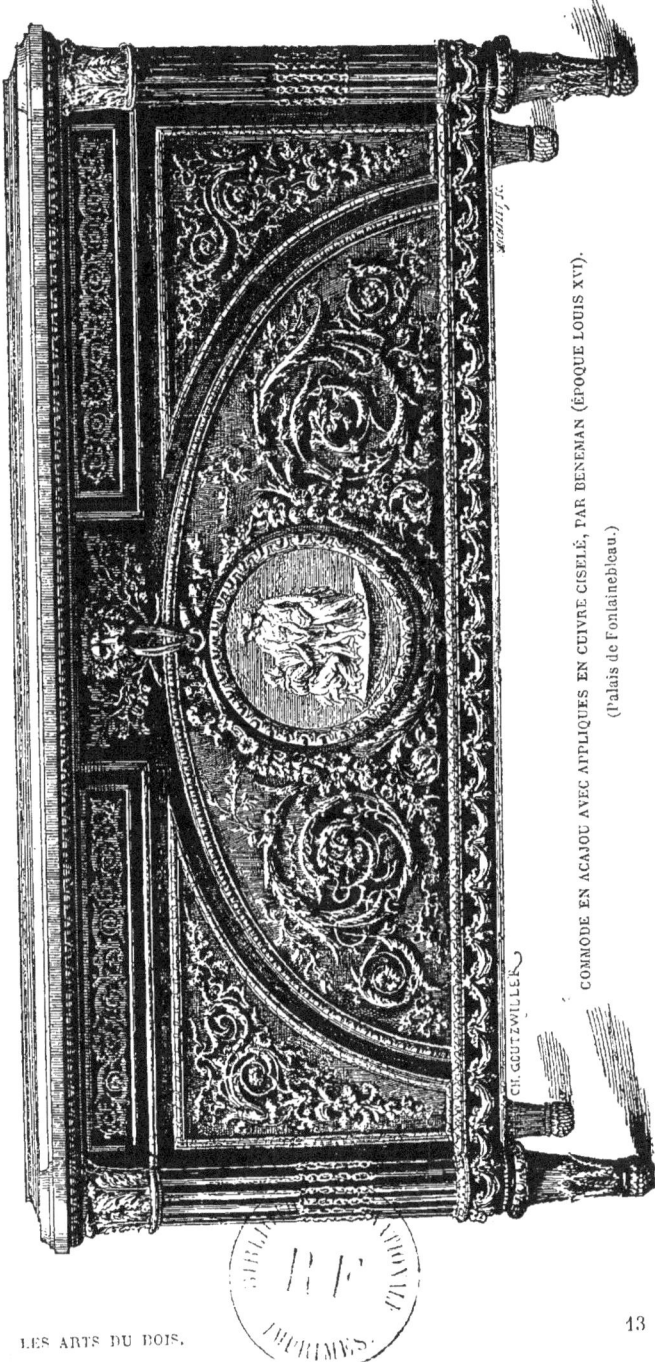

CH. GUITZWILLER

COMMODE EN ACAJOU AVEC APPLIQUES EN CUIVRE CISELÉ, PAR BENEMAN (ÉPOQUE LOUIS XVI).

(Palais de Fontainebleau.)

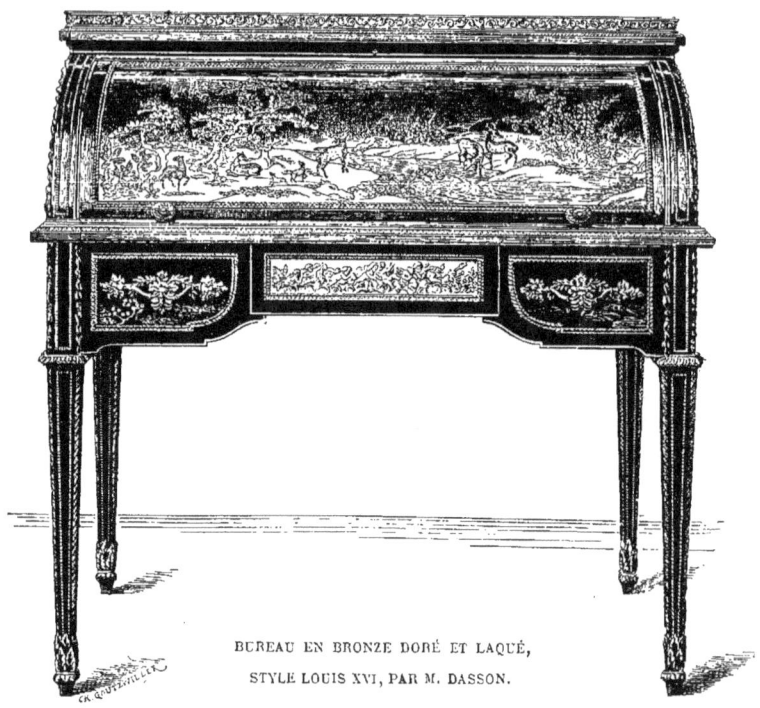

BUREAU EN BRONZE DORÉ ET LAQUÉ,
STYLE LOUIS XVI, PAR M. DASSON.

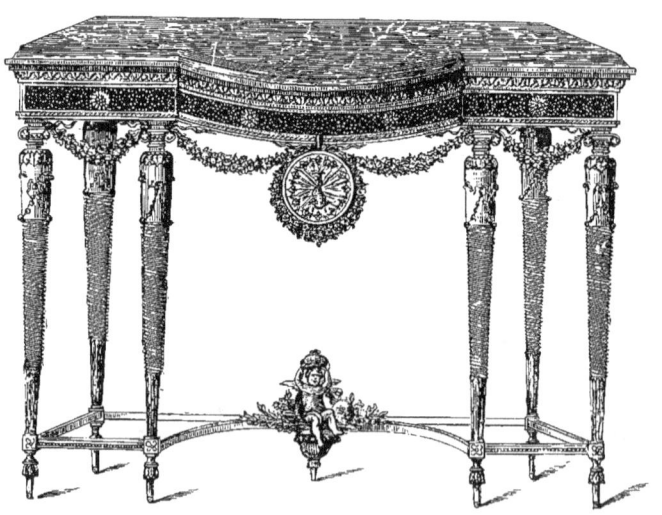

CONSOLE DE MARIE-ANTOINETTE.

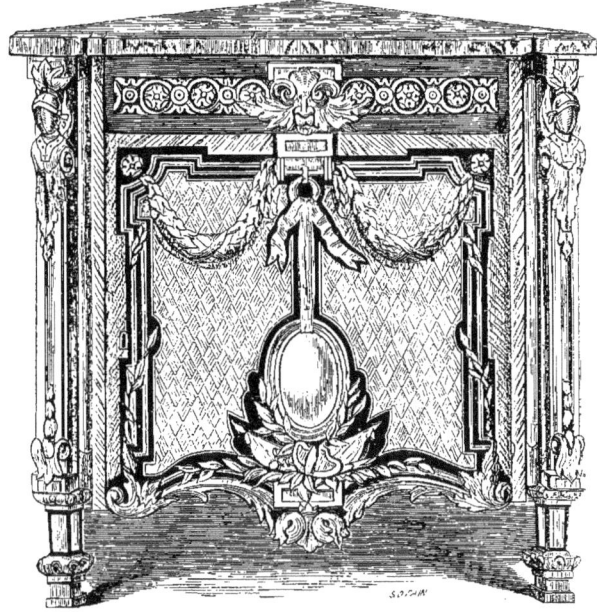

ENCOIGNURE DU TEMPS DE LOUIS XVI.

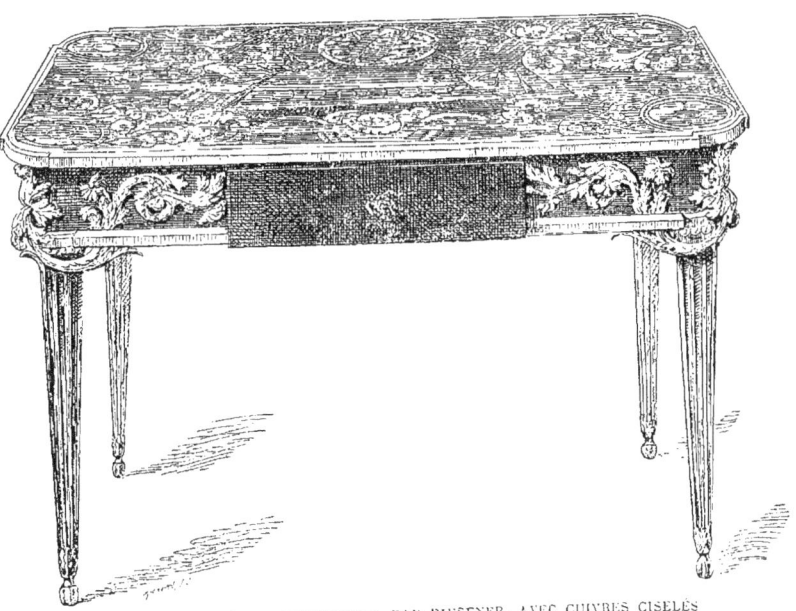

BUREAU PLAT ORNÉ DE MARQUETERIE, PAR RIESENER, AVEC CUIVRES CISELÉS
PAR GOUTHIÈRE (ÉPOQUE LOUIS XVI).

(Palais de Versailles).

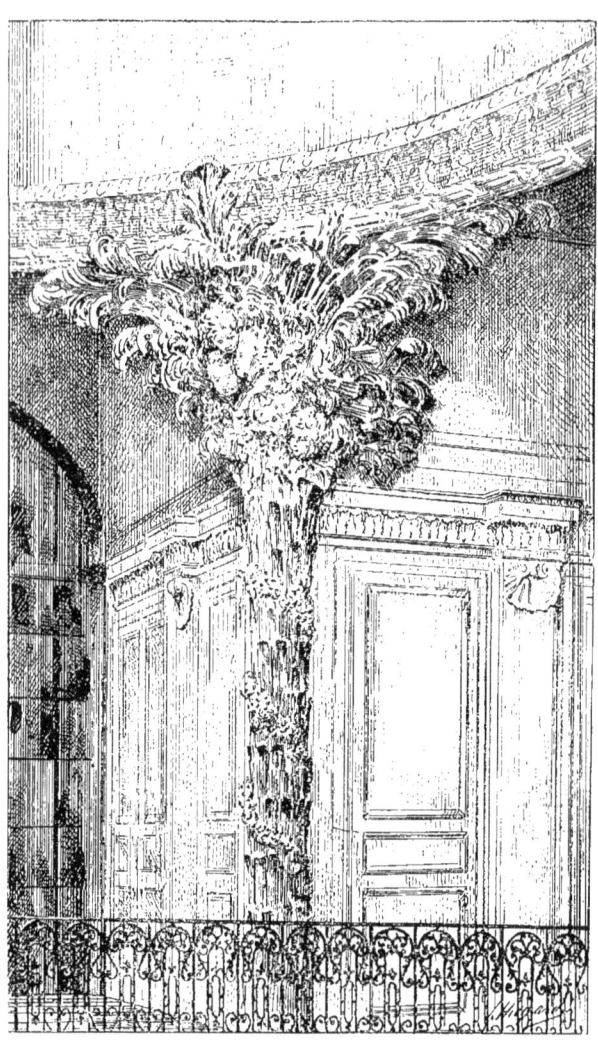

COLONNE EN BOIS SCULPTÉ, SUPPORTANT LA COUPOLE CENTRALE DE L'ANCIENNE BIBLIOTHÈQUE
DE SAINTE-GENEVIÈVE (XVIIIe SIÈCLE).

(Lycée Henri IV.)

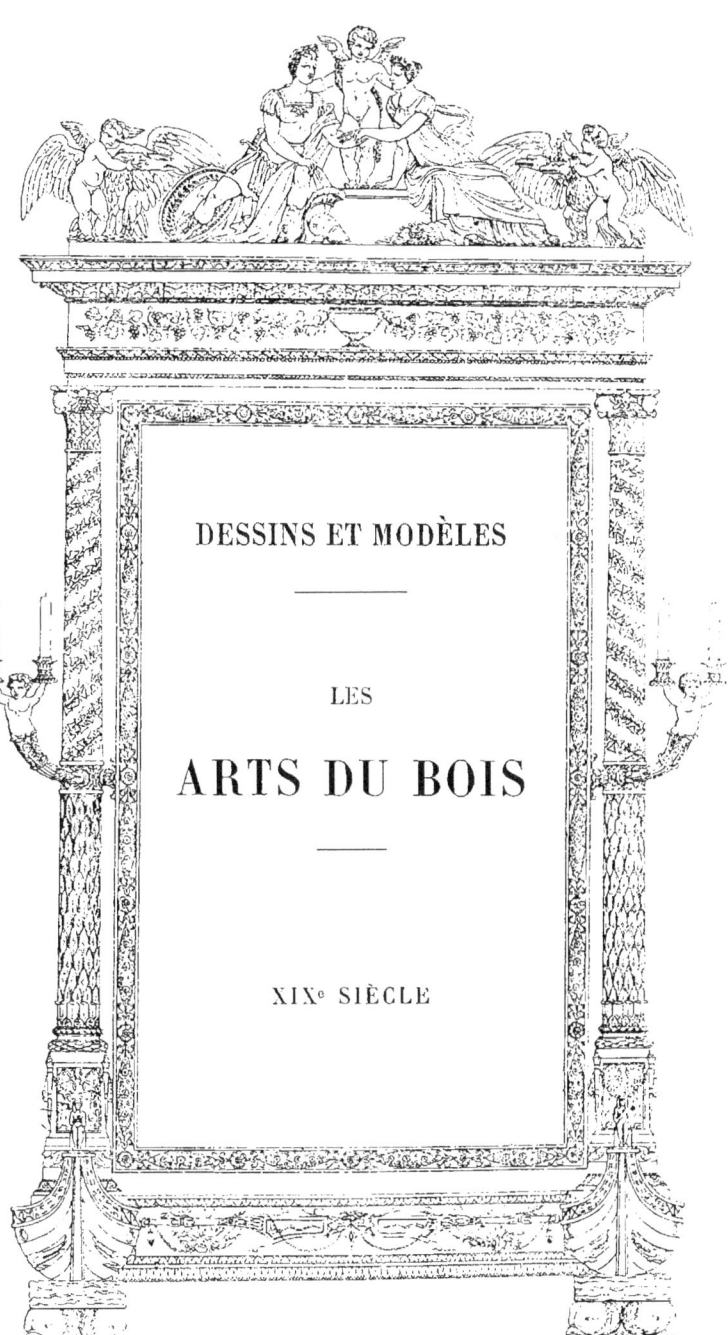

DESSINS ET MODÈLES

———

LES

ARTS DU BOIS

———

XIXe SIÈCLE

PSYCHÉ DE L'IMPÉRATRICE MARIE-LOUISE.
(D'après un dessin de Prudhon.)

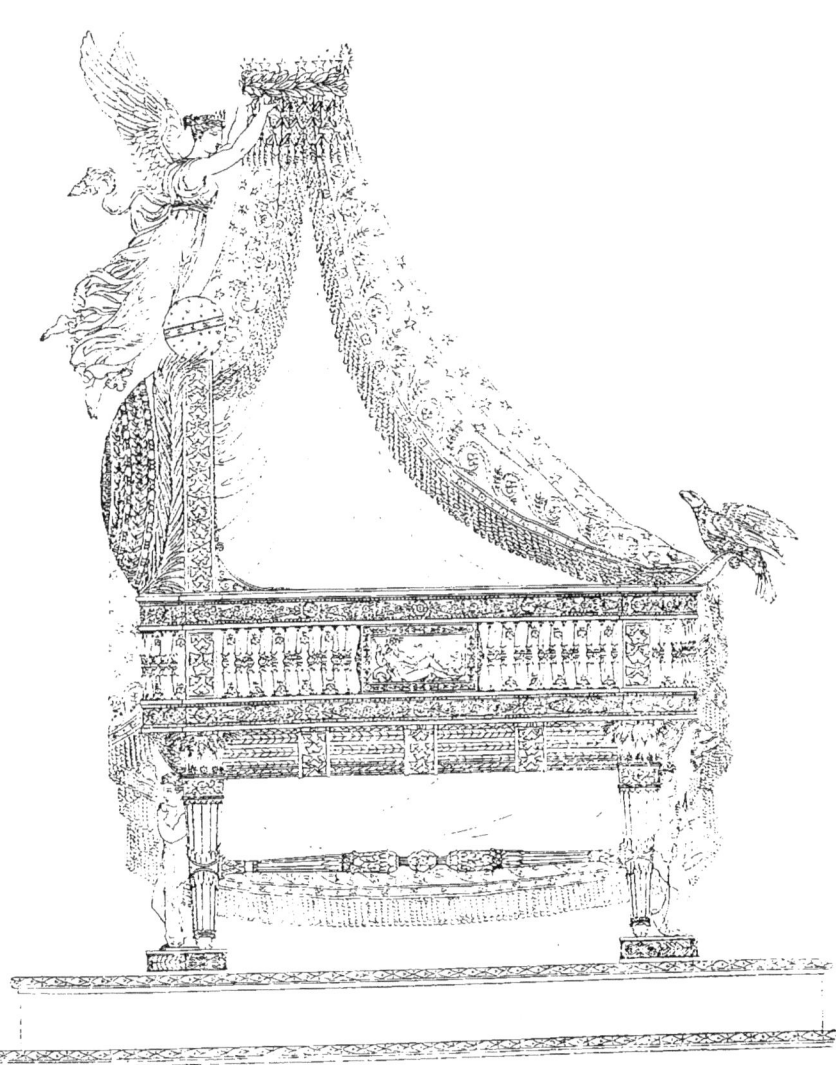

LE BERCEAU DU ROI DE ROME, COMPOSITION DE PRUDHON.

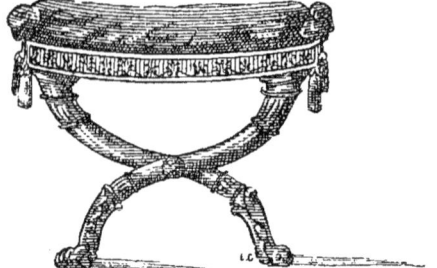

TABOURET, COMPOSITION DE PERCIER ET FONTAINE.

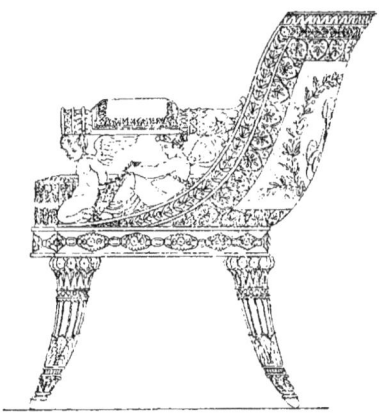

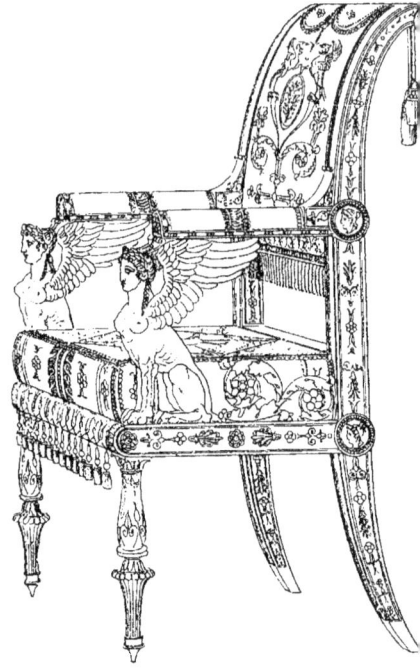

FAUTEUIL DE L'IMPÉRATRICE MARIE-LOUISE,
PAR PRUDHON.

FAUTEUIL,
COMPOSITION DE PERCIER ET FONTAINE.

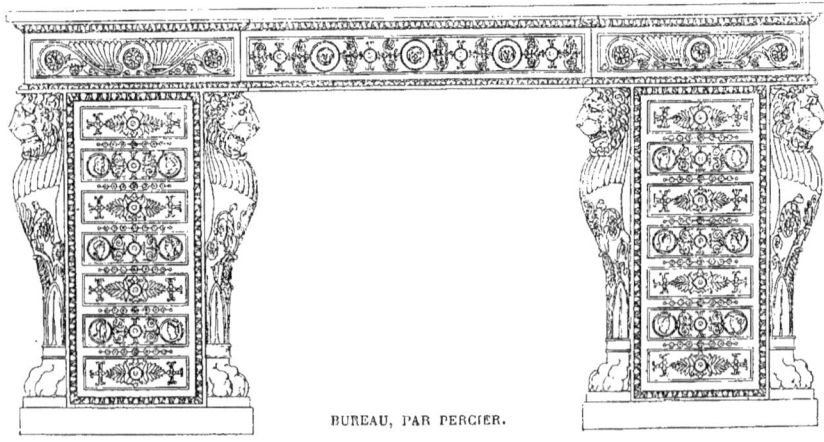

BUREAU, PAR PERCIER.

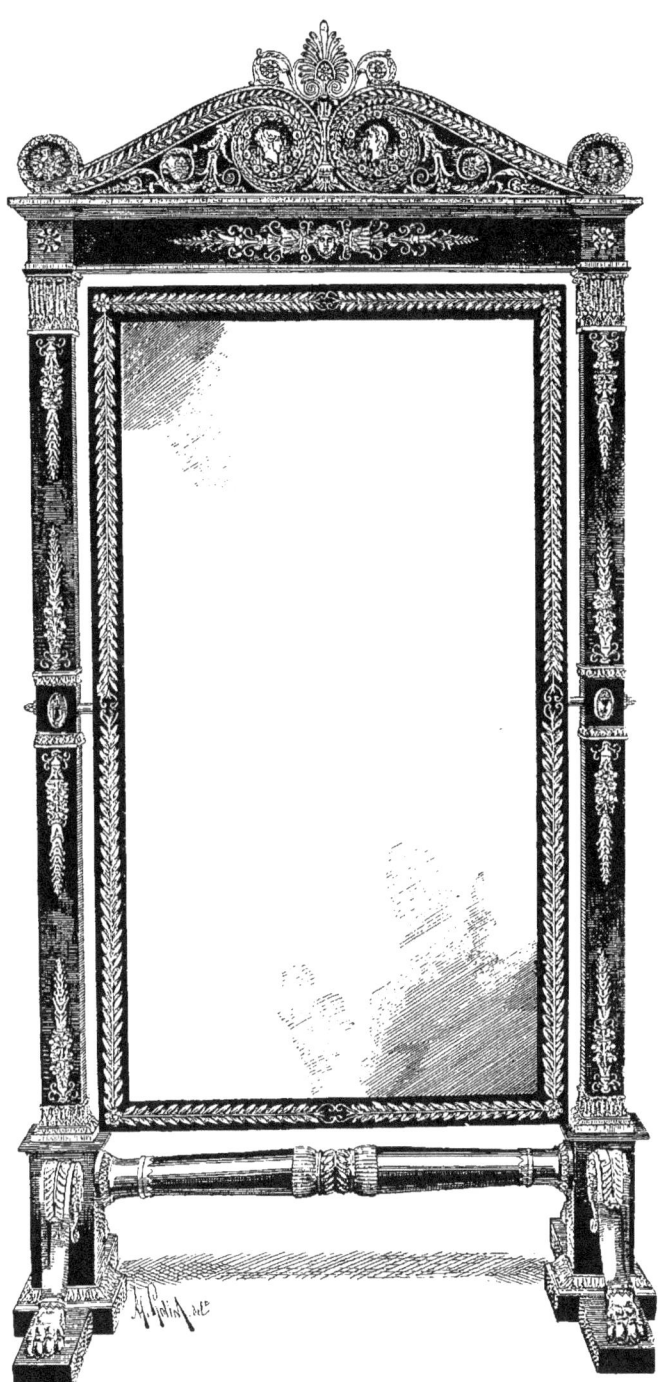

PSYCHÉ EN BOIS D'ACAJOU ORNÉ DE CUIVRES DORÉS, EXÉCUTÉE POUR LA PRINCESSE ÉLISA.

(Appartenant à M. Loyer.)

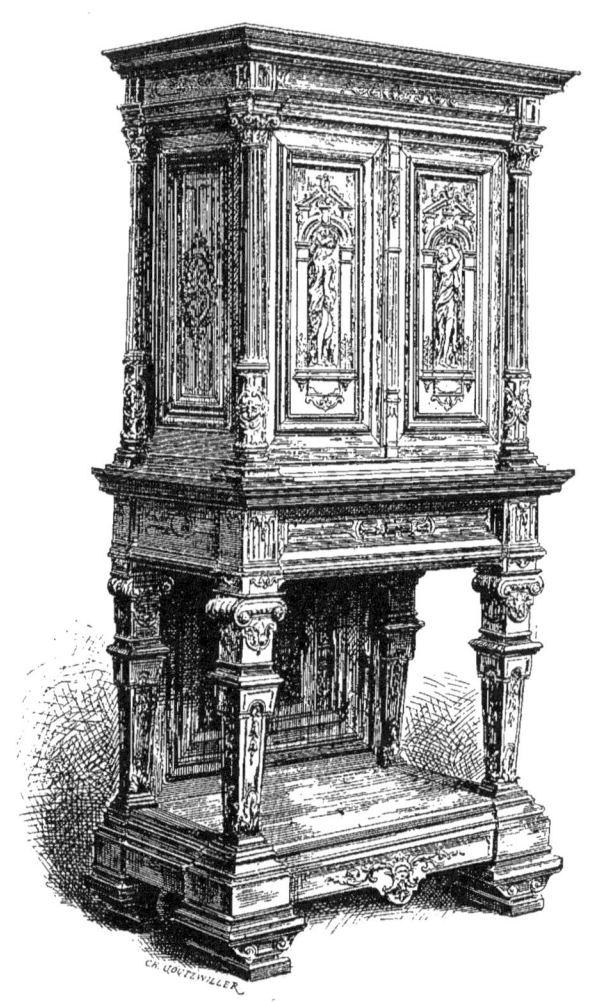

CRÉDENCE STYLE RENAISSANCE, PAR M. SAUVRESY.

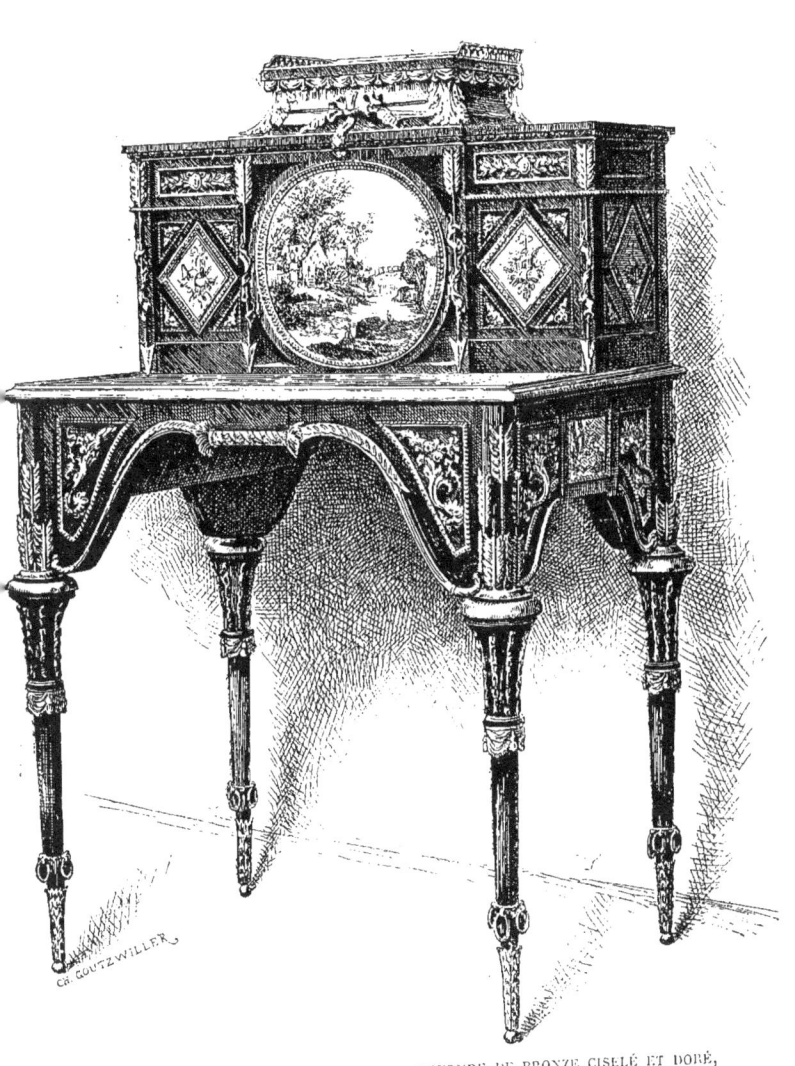

« BONHEUR DU JOUR » TYLE SLOUIS XVI, GARNITURE DE BRONZE CISELÉ ET DORÉ,
PAR M. BEURDELEY.

CONSOLE, PAR M. GROUÉ.

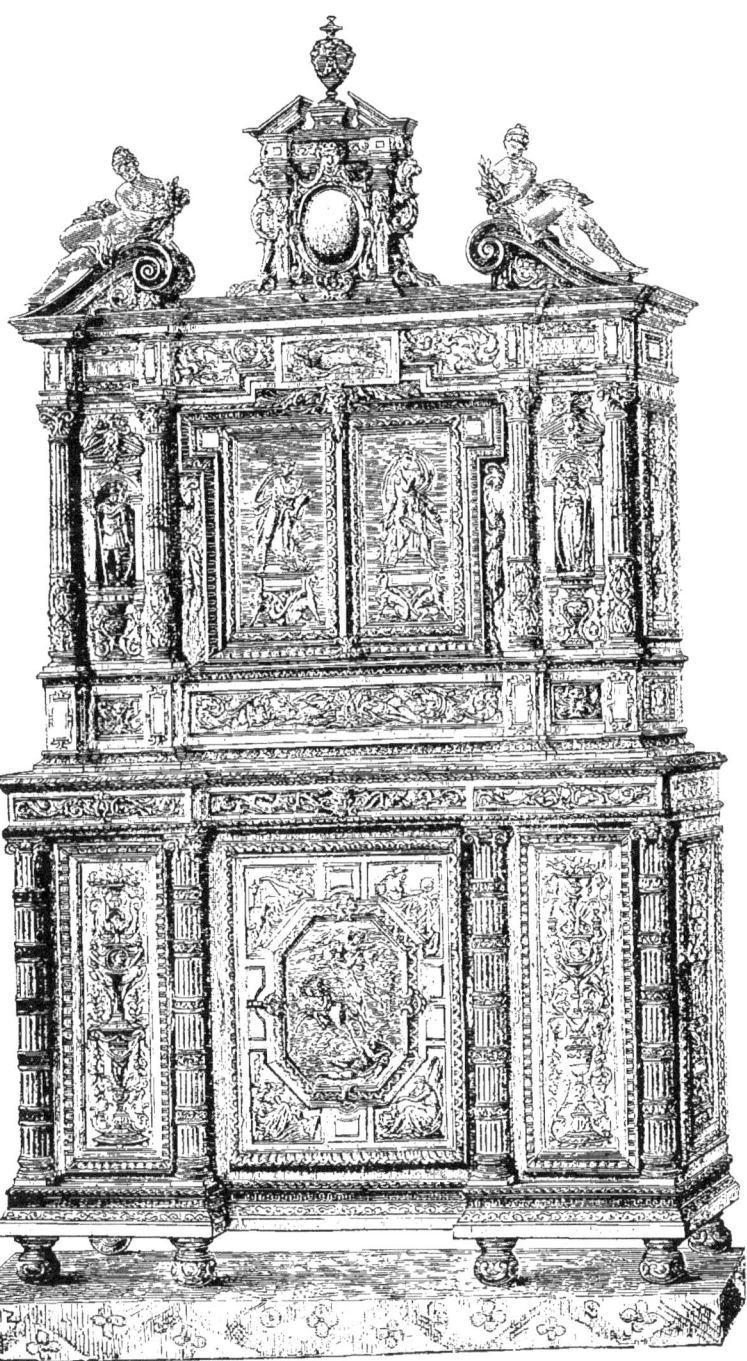

CRÉDENCE DE STYLE RENAISSANCE, PAR M. FOURDINOIS.

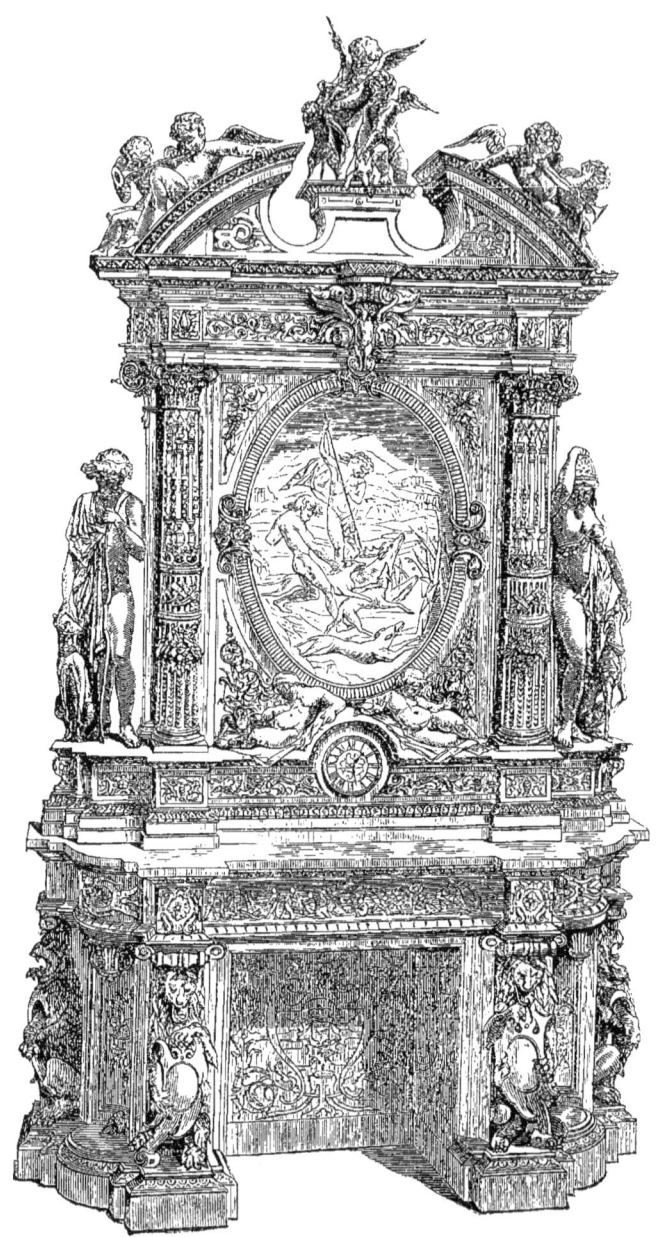

CHEMINÉE, PAR M. FOURDINOIS.

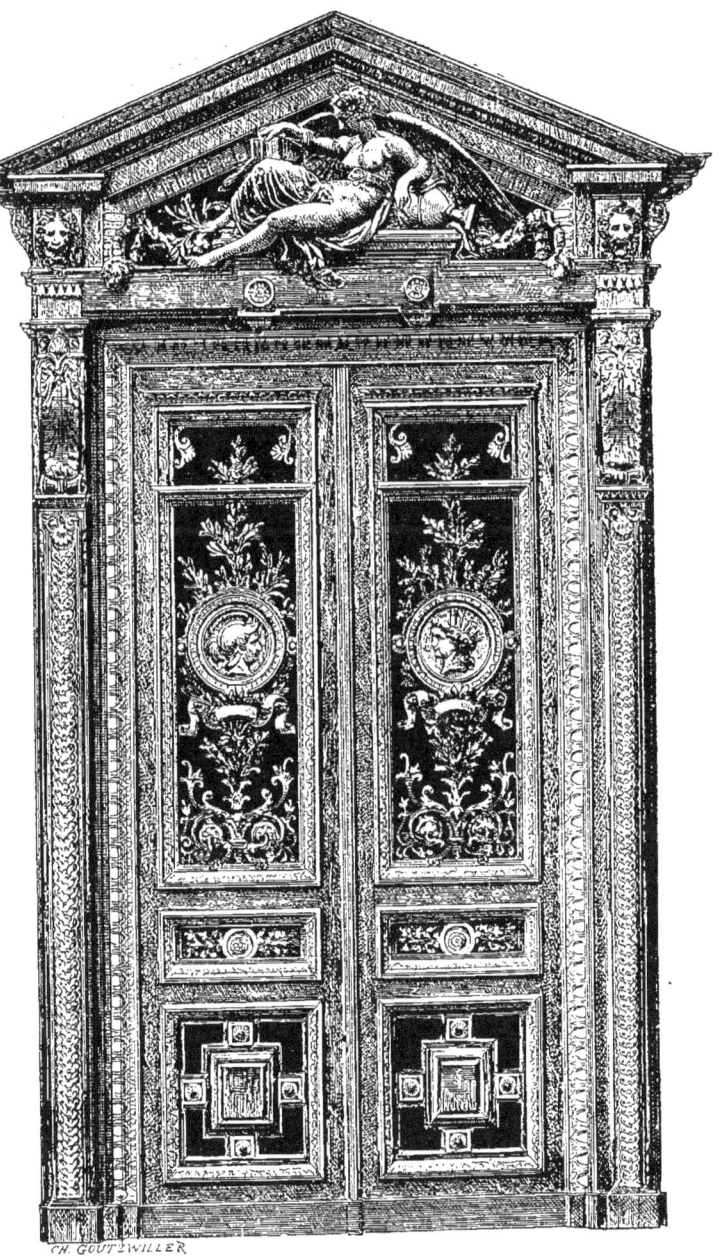

PORTE EN BOIS SCULPTÉ POUR UNE SALLE DE BIBLIOTHÈQUE, PAR M. FOURDINOIS.

(Musée des Arts décoratifs.)

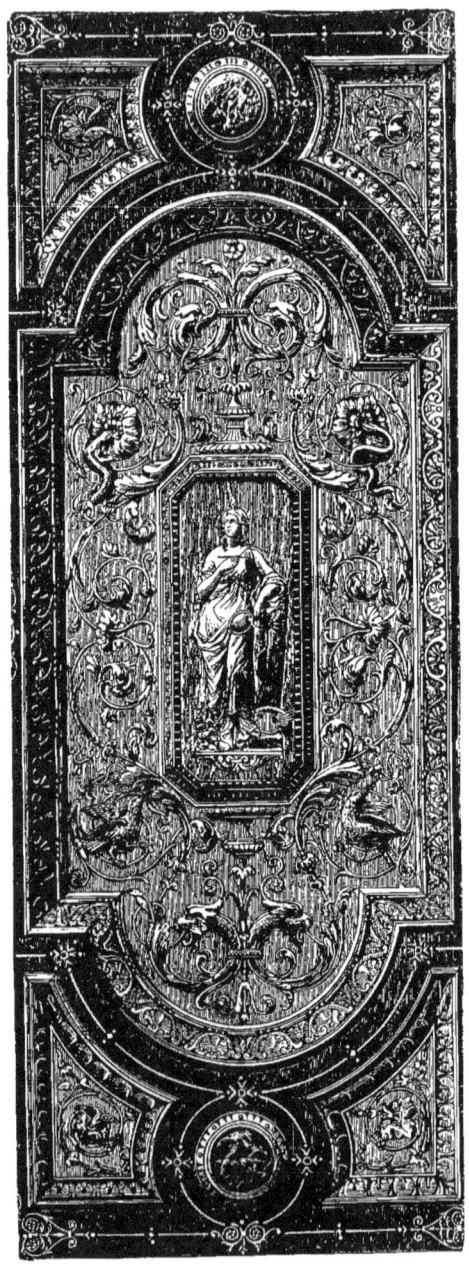

PANNEAU, PAR M. JOHN GRACE.

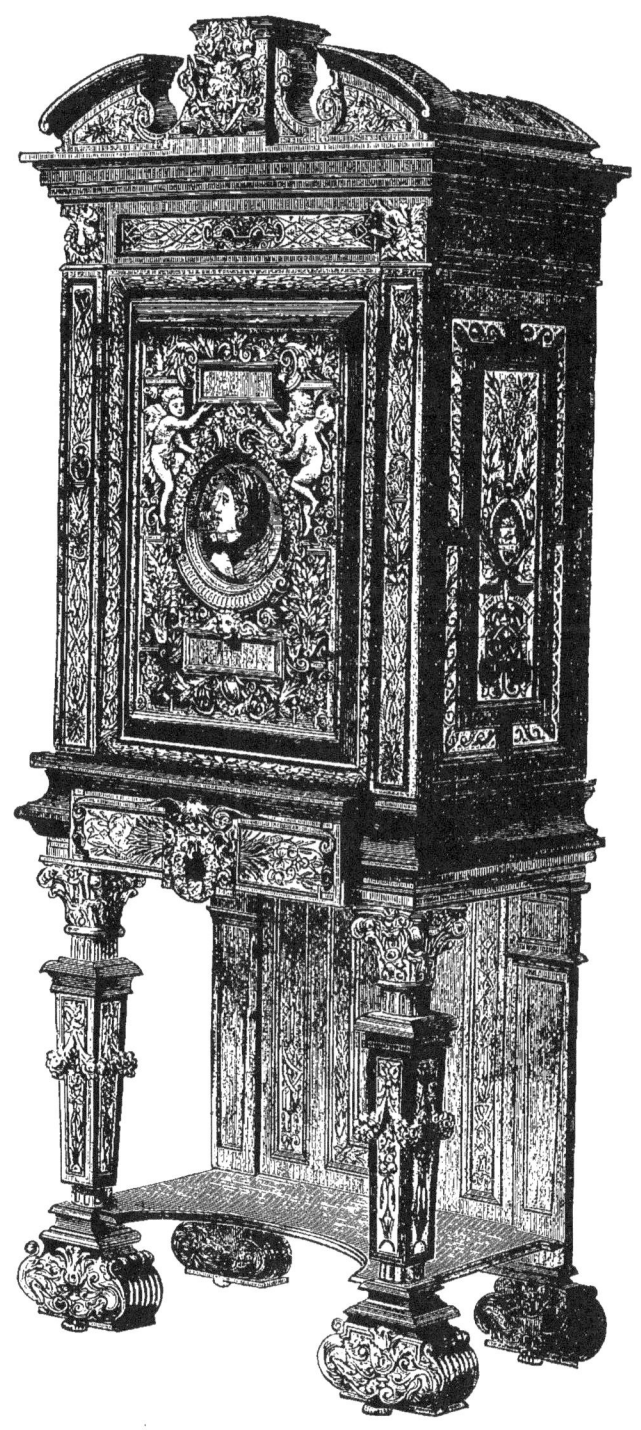

ARMOIRE A BIJOUX, PAR M. ROSSIGNEUX.

(Maison Christofle et Bouilhet.)

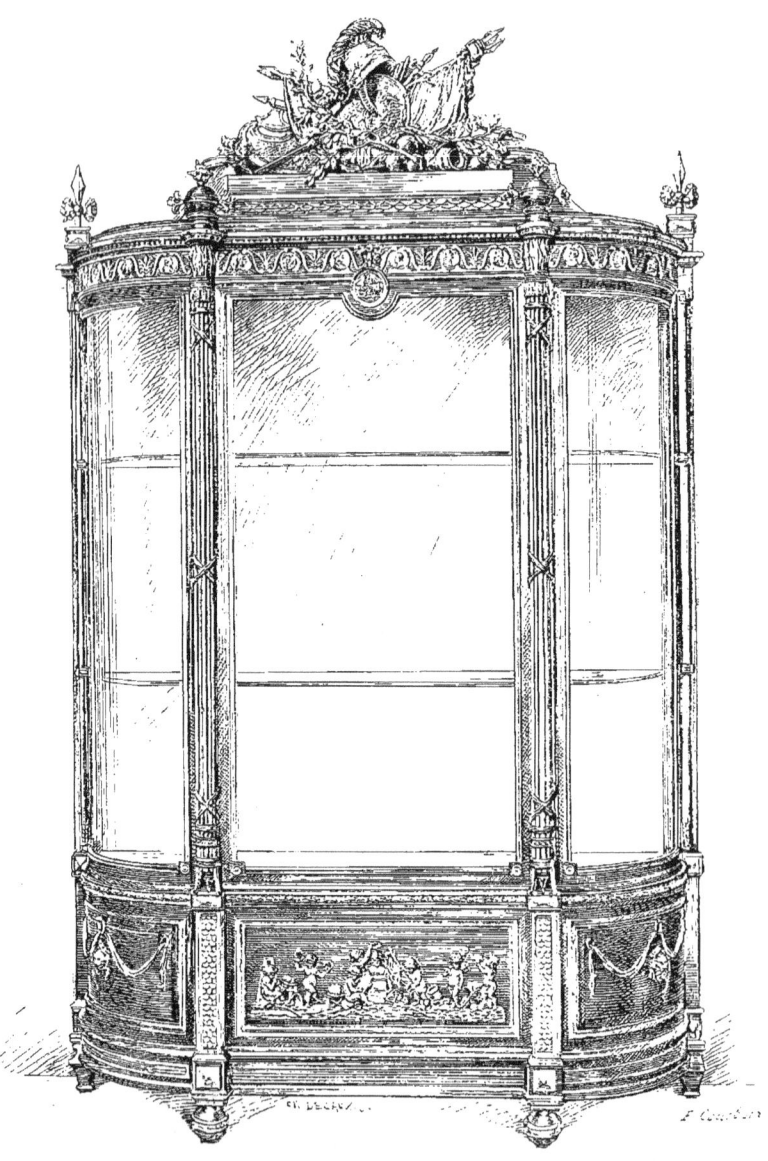

VITRINE, COMPOSÉE ET EXÉCUTÉE PAR M. CHEVRIE.

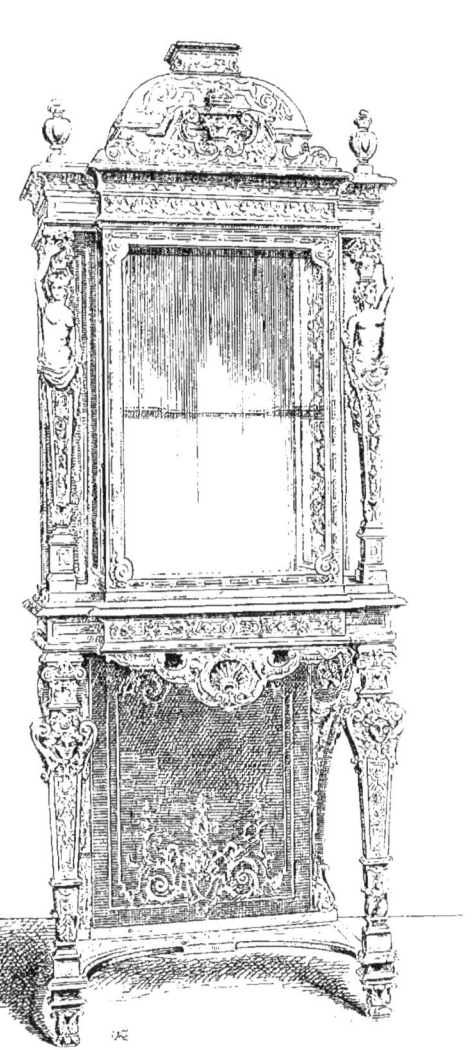

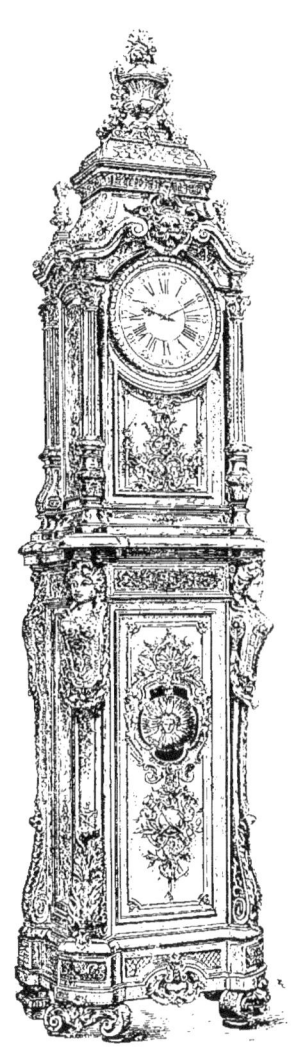

VITRINE, COMPOSÉE ET EXÉCUTÉE PAR M. FLACHAT.

HORLOGE, EXÉCUTÉE PAR M. LEMOINE.

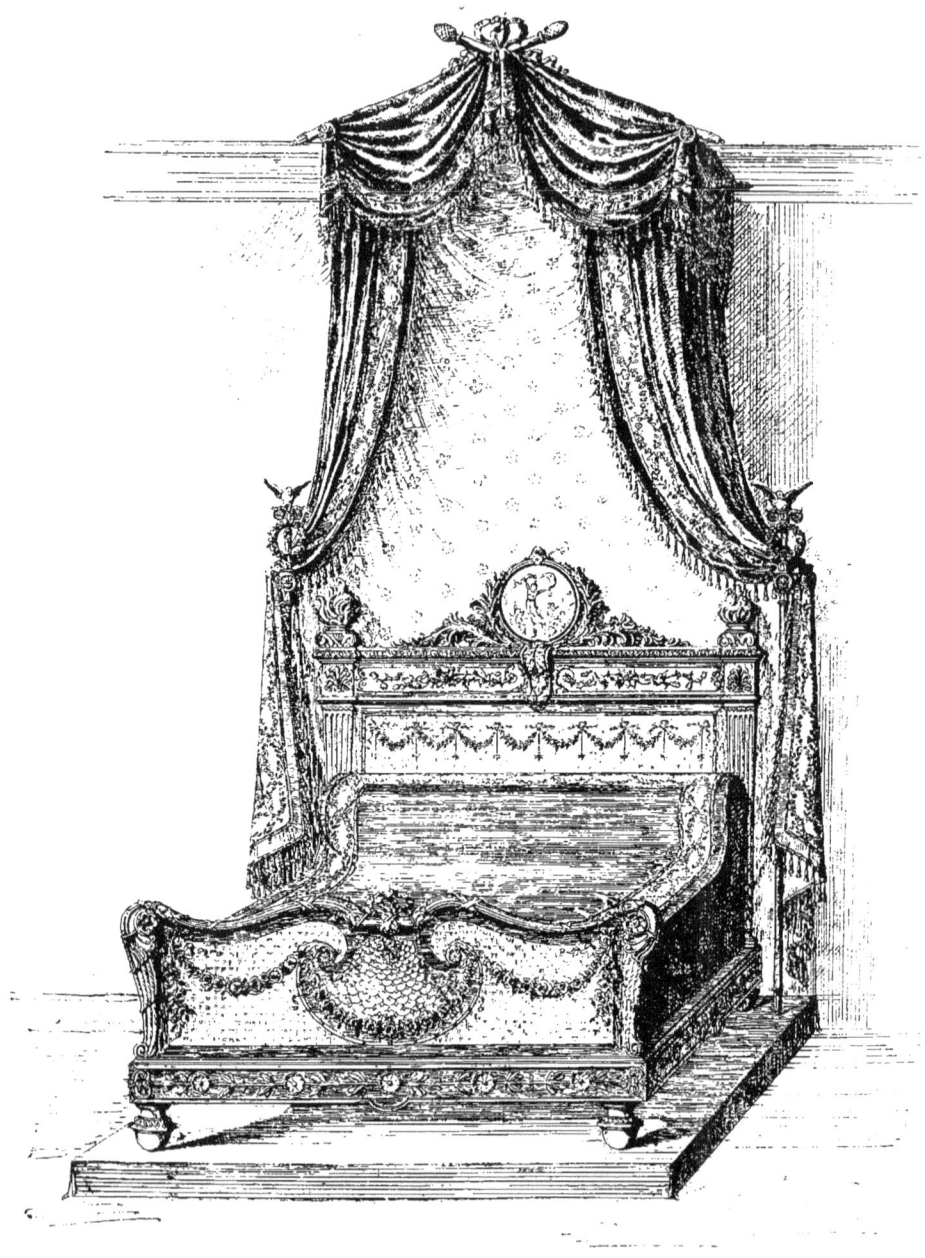

LIT DE STYLE EMPIRE, COMPOSÉ ET EXÉCUTÉ PAR M. JEANSELME.

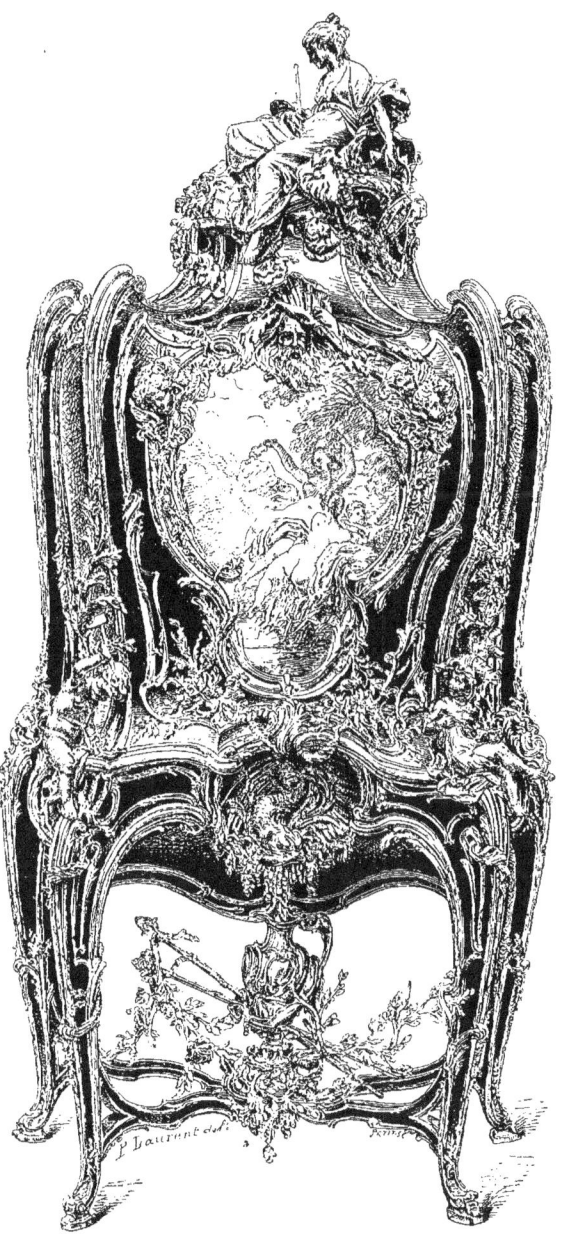

COFFRE A BIJOUX, COMPOSÉ ET EXÉCUTÉ PAR M. ZWIENER.

BUREAU LOUIS XV EN BOIS DE SATINÉ ET BRONZES CISELÉS ET DORÉS, EXÉCUTÉ PAR LA MAISON DASSON ET Cⁱᵉ, D'APRÈS LE DESSIN DE M. G. MARONNIER.

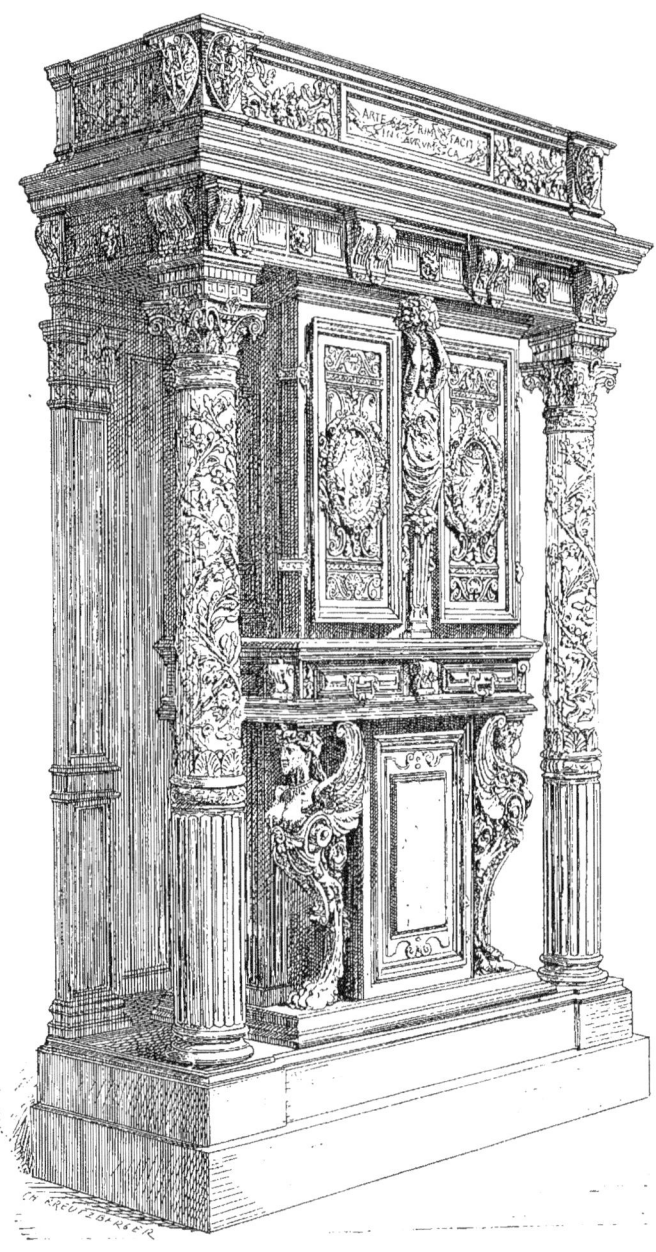

CABINET, EXÉCUTÉ PAR M. BLANQUI, SUR LES DESSINS DE M. P. SÉDILLE.

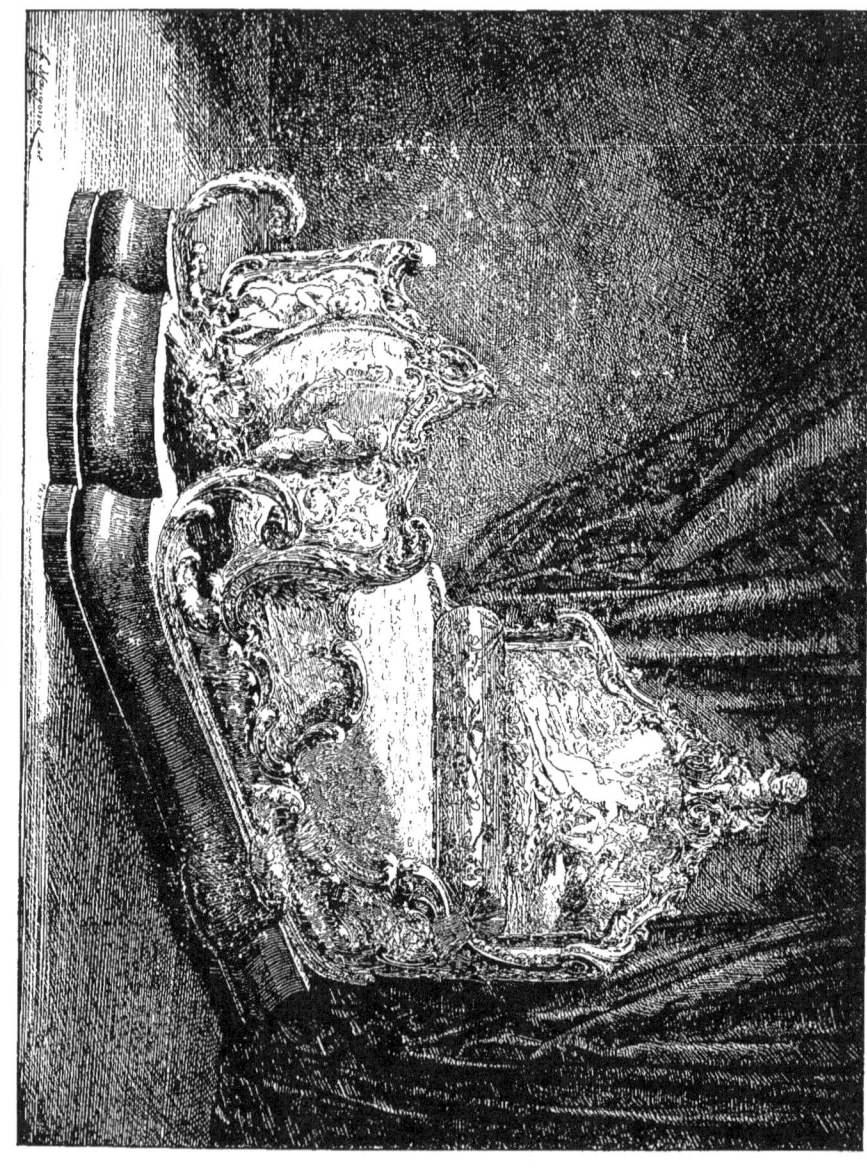

LIT EN FORME DE TRAINEAU, COMPOSÉ ET EXÉCUTÉ PAR M. MAJORELLE.

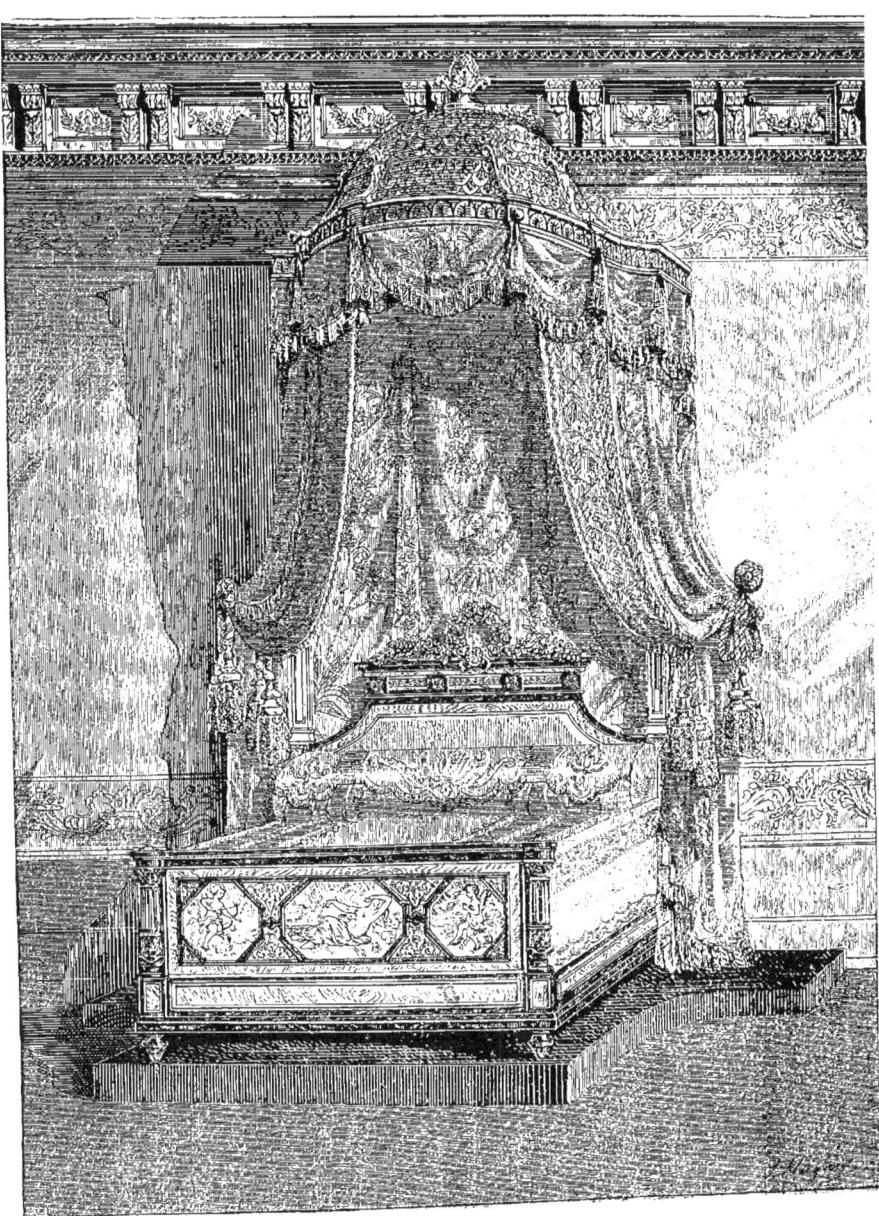

LIT, EXÉCUTÉ PAR M. FOURDINOIS.

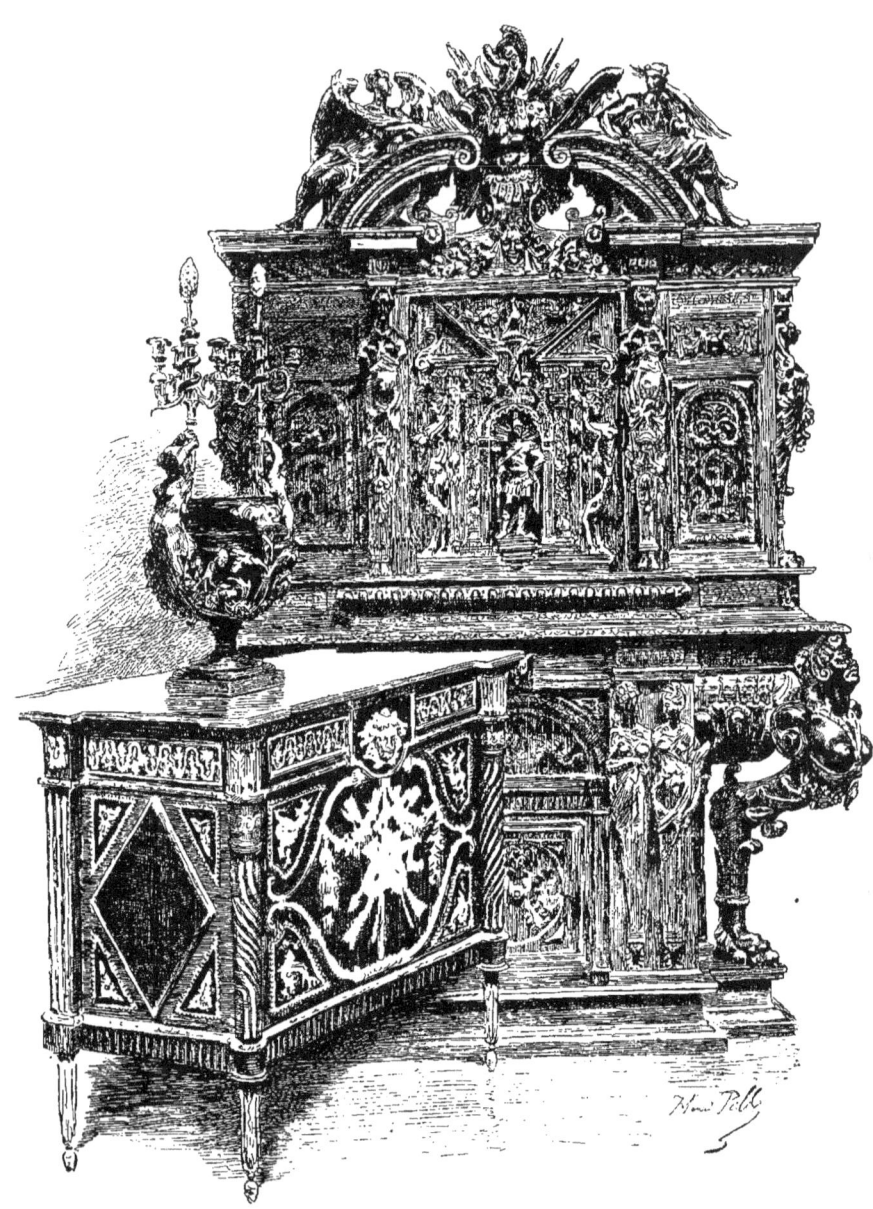

CANDÉLABRE ET CONSOLE LOUIS XVI, BUFFET RENAISSANCE, PAR M. BEURDELEY.

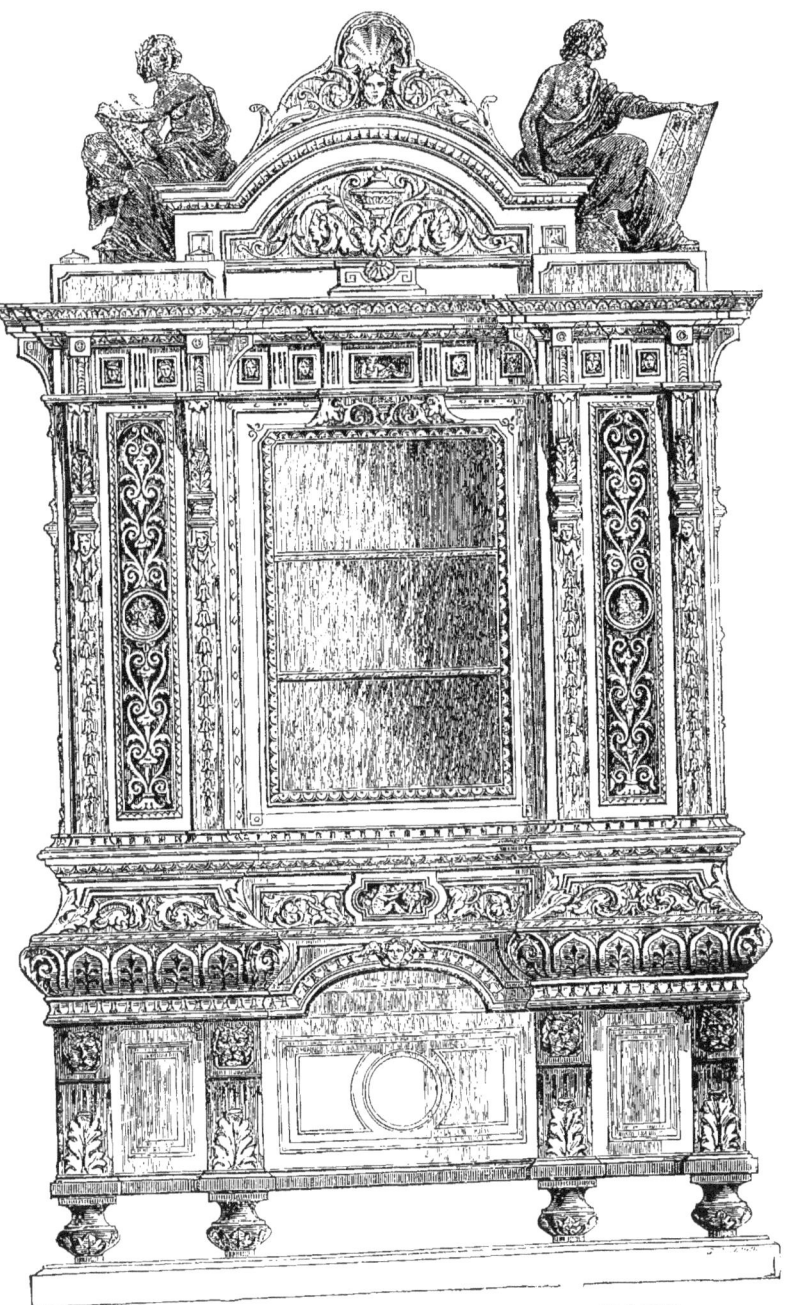

CABINET EN ÉBÈNE, INCRUSTÉ DE BOIS ET D'ÉMAUX, PAR M. TROLOPPE.

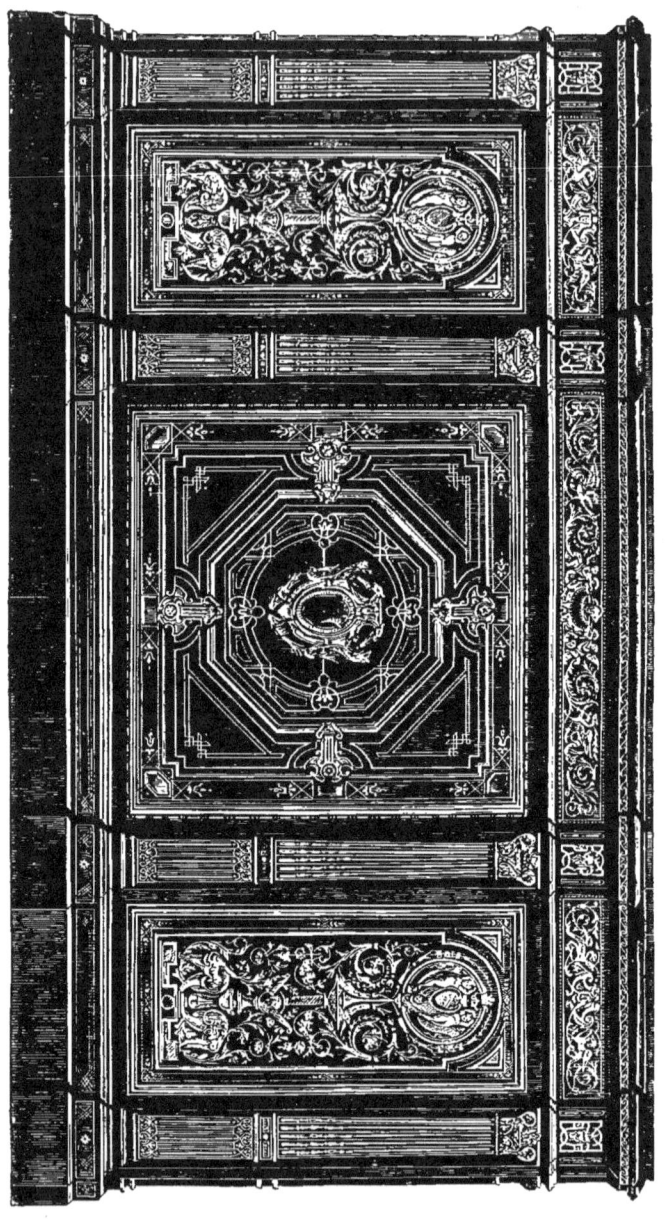

COMMODE, PAR M. JACKSON.

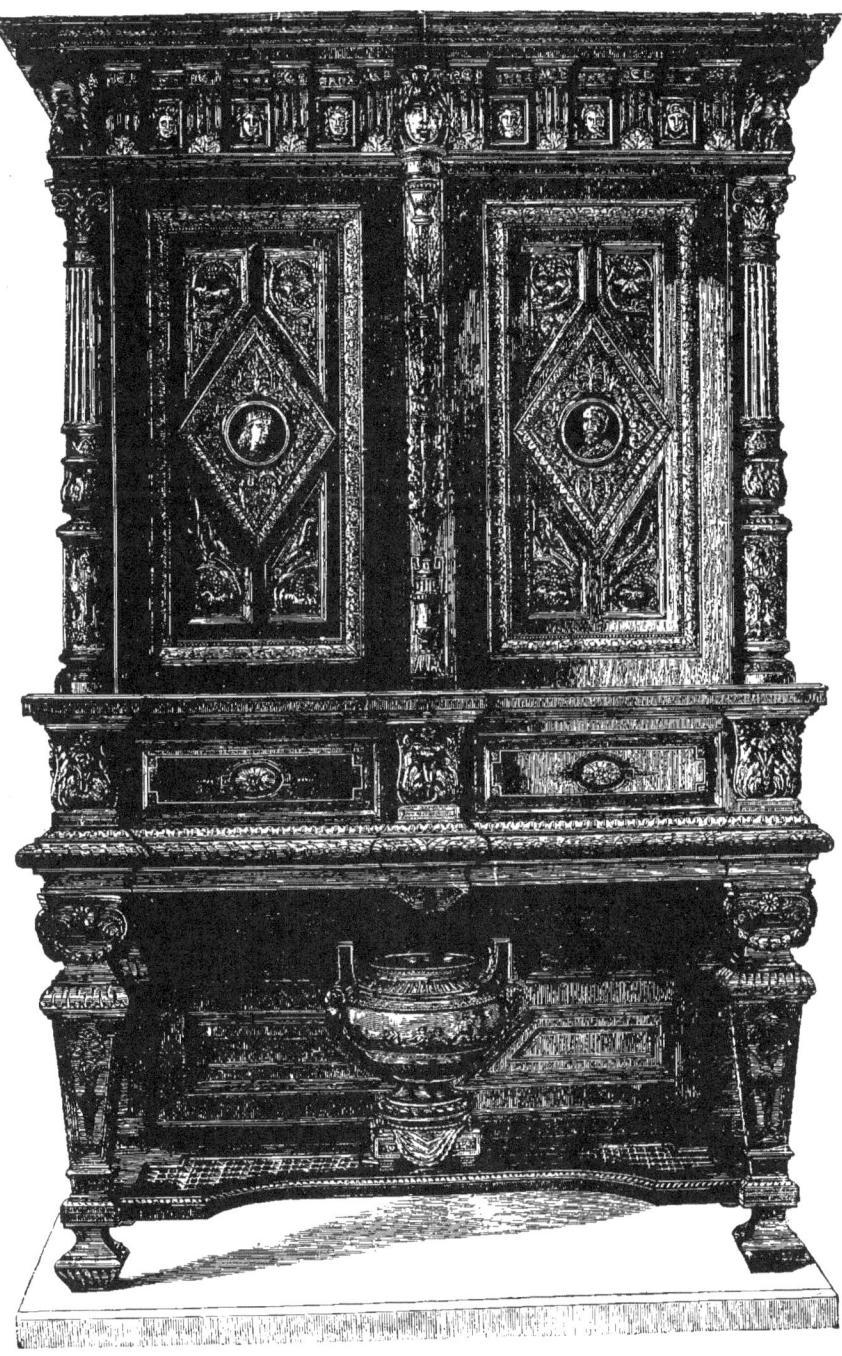

BUFFET, PAR M. TROLOPPE.

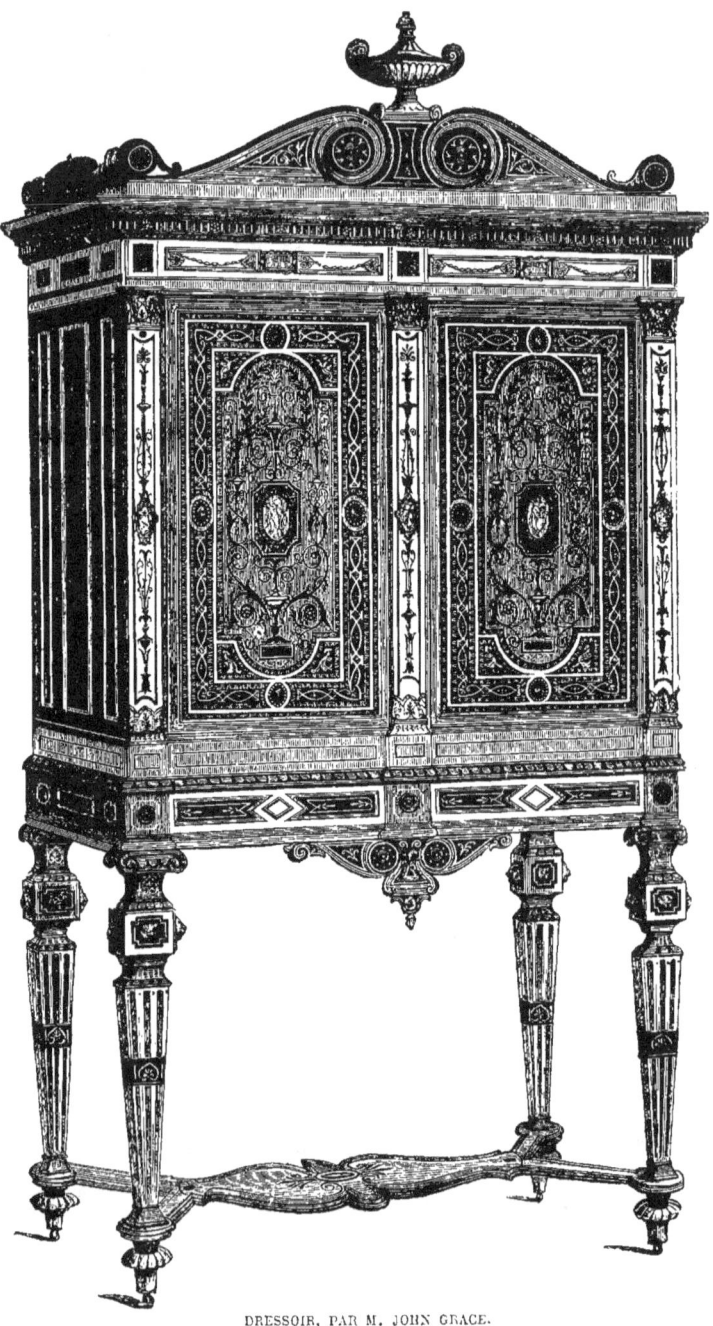

DRESSOIR, PAR M. JOHN GRACE.

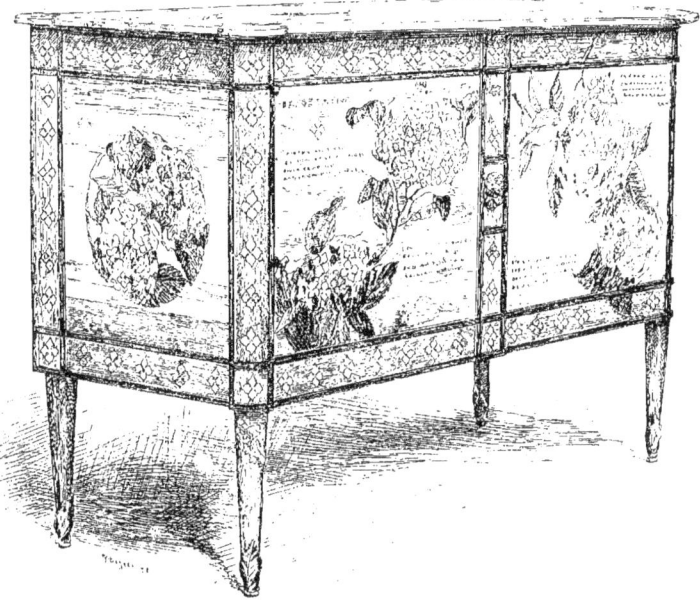

CONSOLE EN MARQUETERIE EXÉCUTÉE PAR E. GALLÉ,
D'APRÈS UNE COMPOSITION DE M. LE COMTE ROBERT DE MONTESQUIOU.

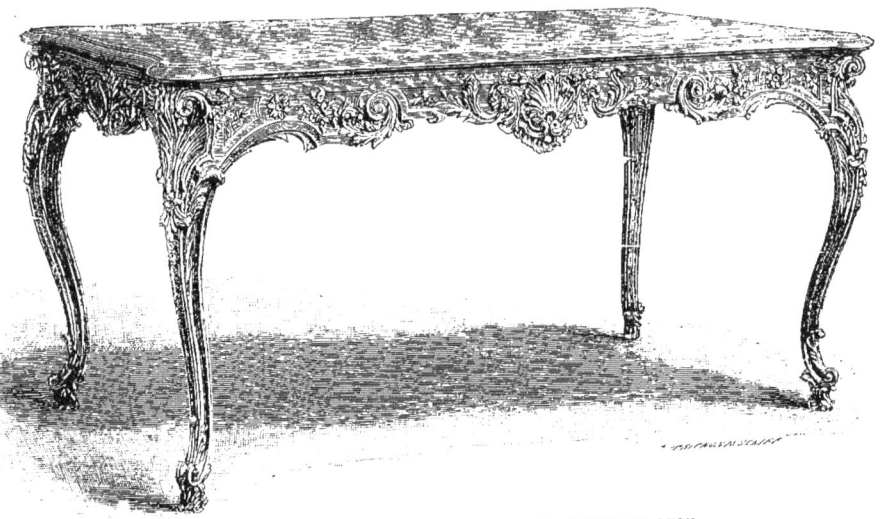

TABLE EN NOYER, EXÉCUTÉE PAR MM. FLACHAT ET COCHET, DE LYON.

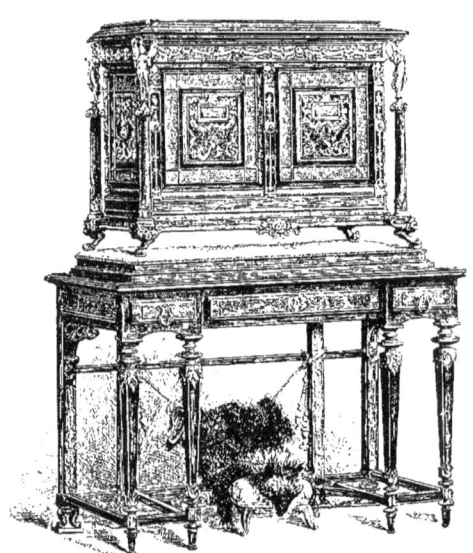

COFFRE A BIJOUX, PAR M. FOURDINOIS.

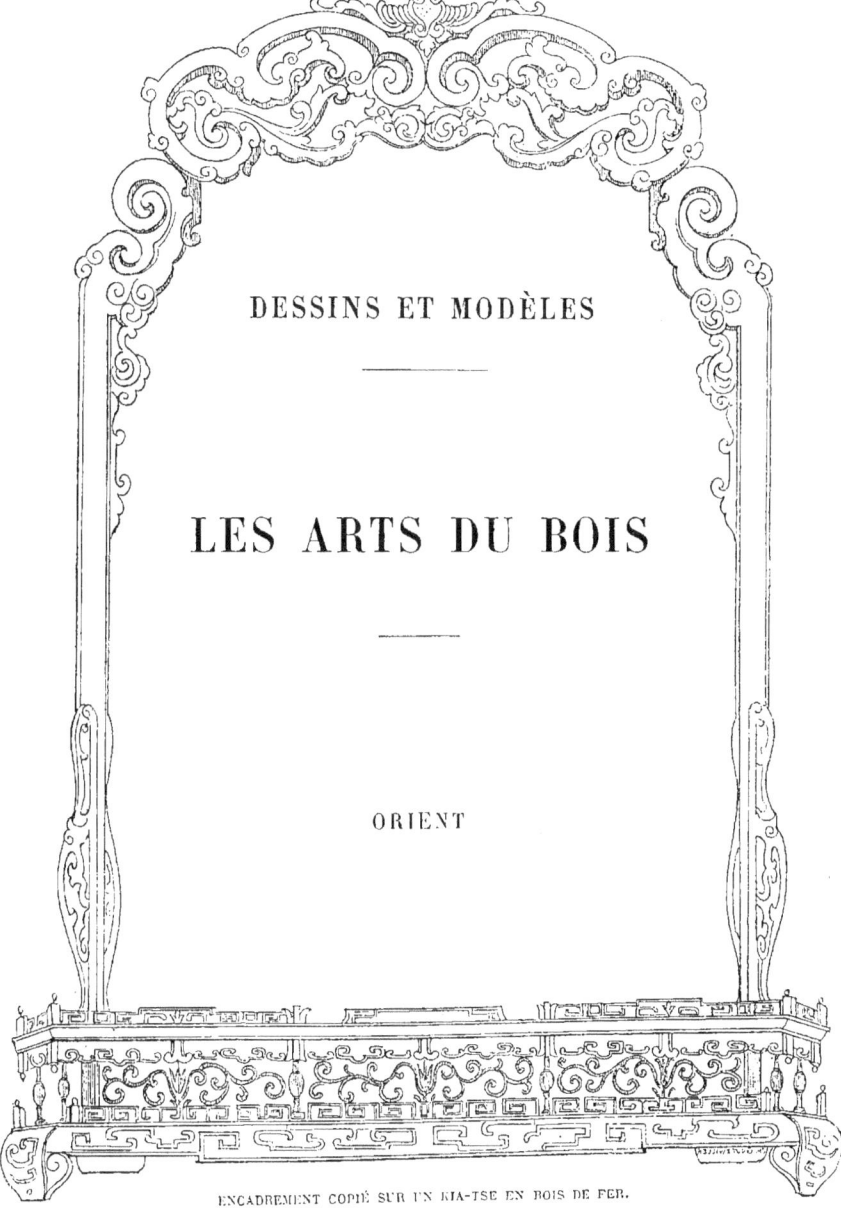

DESSINS ET MODÈLES

LES ARTS DU BOIS

ORIENT

ENCADREMENT COPIÉ SUR UN KIA-TSE EN BOIS DE FER.

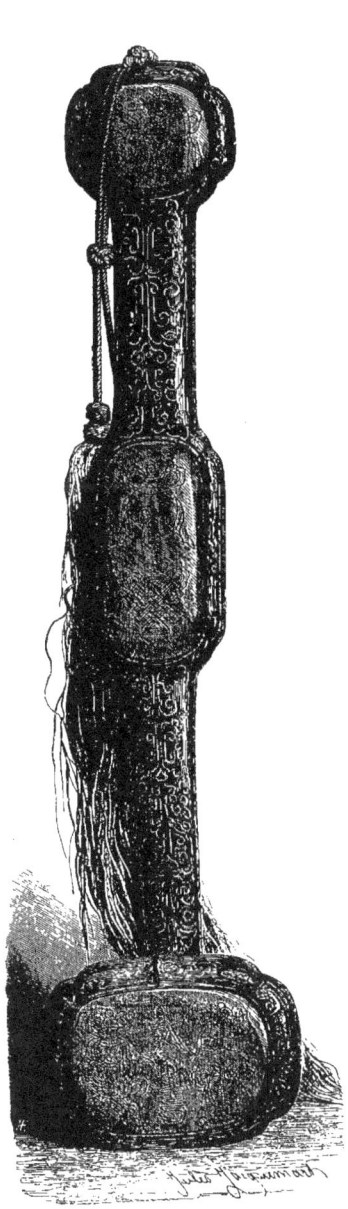

SCEPTRE EN BOIS INCRUSTÉ D'ARGENT
ET DE LAPIS-LAZULI.

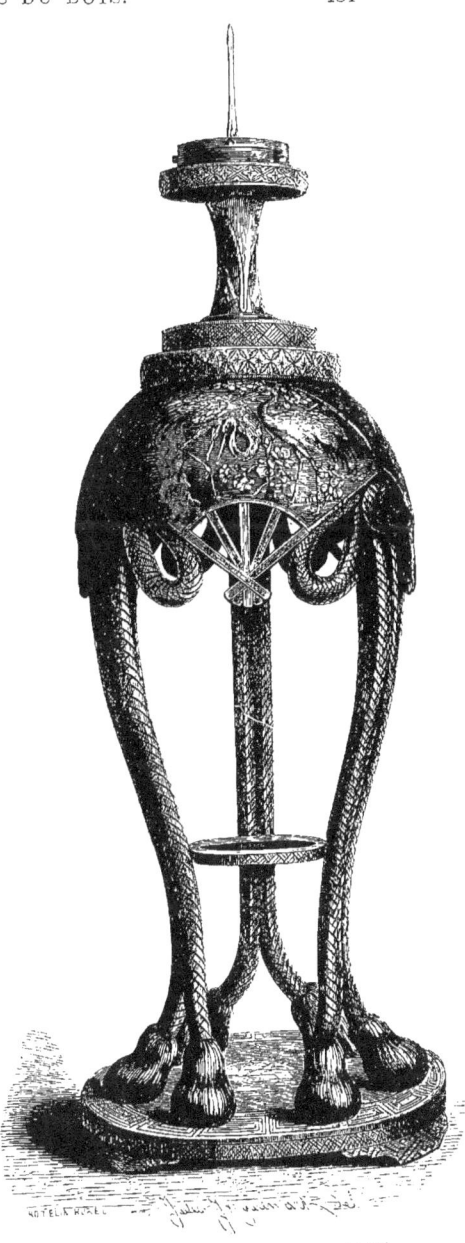

FLAMBEAU D'AUTEL CHINOIS EN BOIS LAQUÉ.

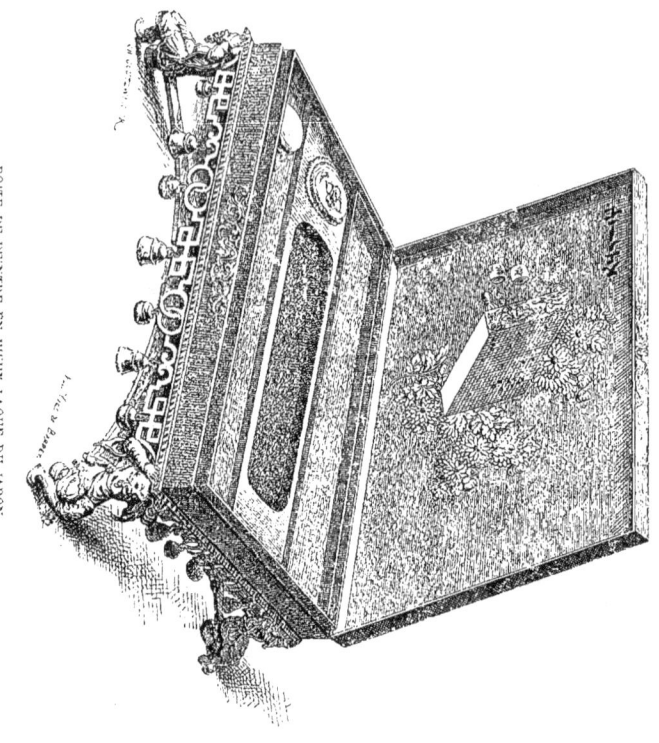

BOITE DE PEIGNE EN VIEUX LAQUE DU JAPON.

(Musée du Louvre.)

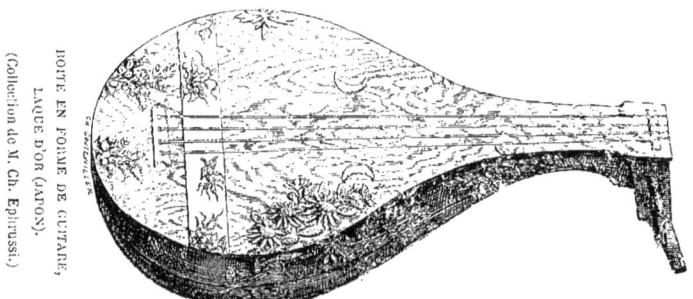

BOITE EN FORME DE GUITARE,
LAQUE D'OR (JAPON).
(Collection de M. Ch. Ephrussi.)

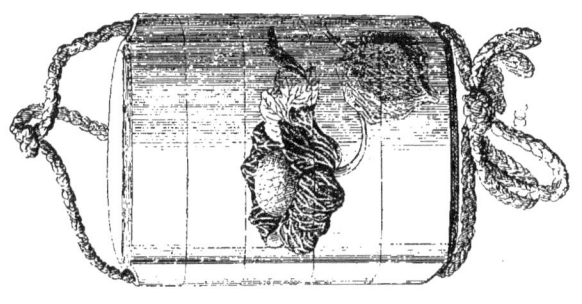

BOITE DE MÉDECINE EN LAQUE

(Japon.)

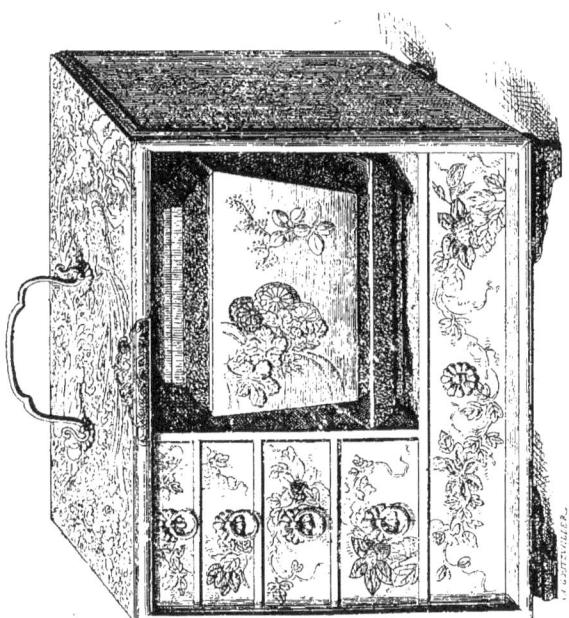

INTÉRIEUR D'UN CABINET JAPONAIS EN LAQUE D'OR.

(Collection de Mme L. Cahen d'Anvers.)

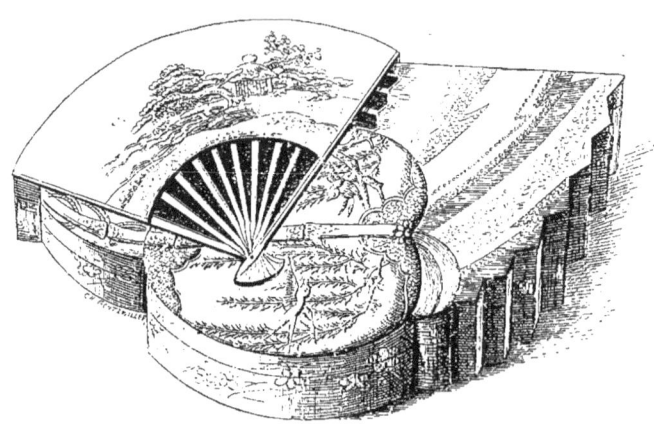

BOITE EN LAQUE D'OR (JAPON).

(Collection de Mme L. Cahen d'Anvers.)

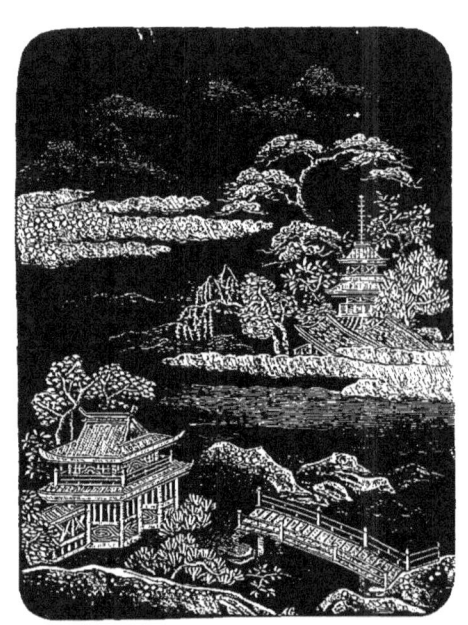

LAQUE NOIR A DESSINS D'OR EN RELIEF.

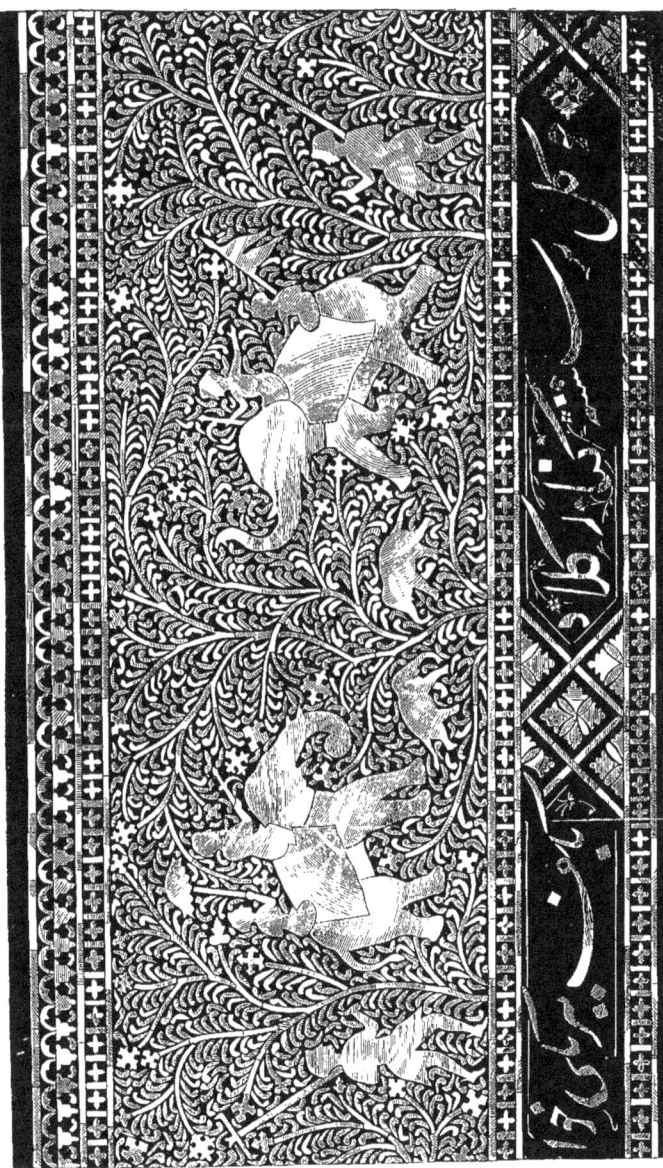

LAQUE BURGAUTÉ DE L'INDE.

(Bordure d'un guéridon appartenant à M. Jules Boilly.)

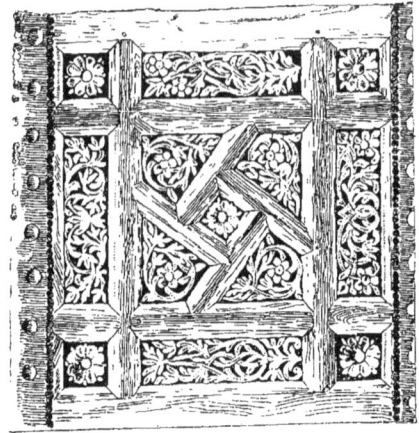

PANNEAU DE LA PORTE PRINCIPALE DE LA GRANDE MOSQUÉE DE KAIROUAN.

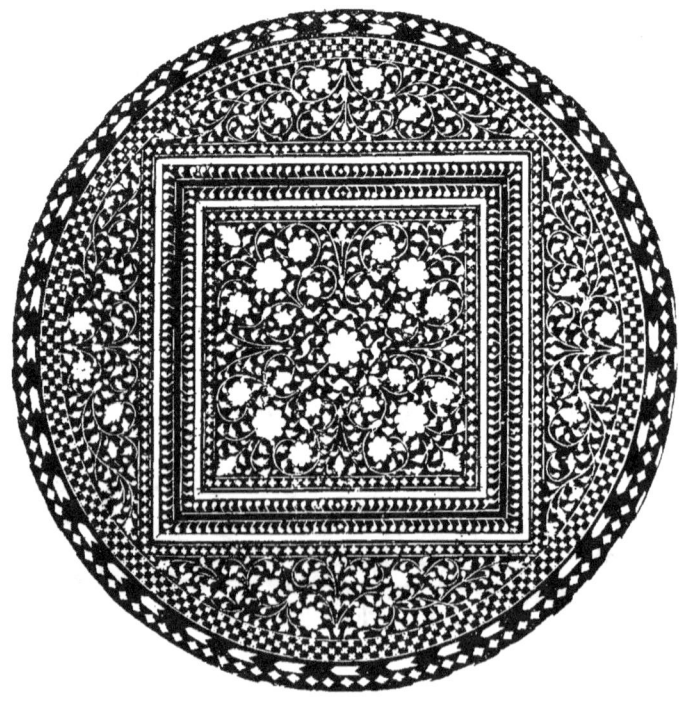

PLATEAU EN BOIS INCRUSTÉ (ART INDIEN).

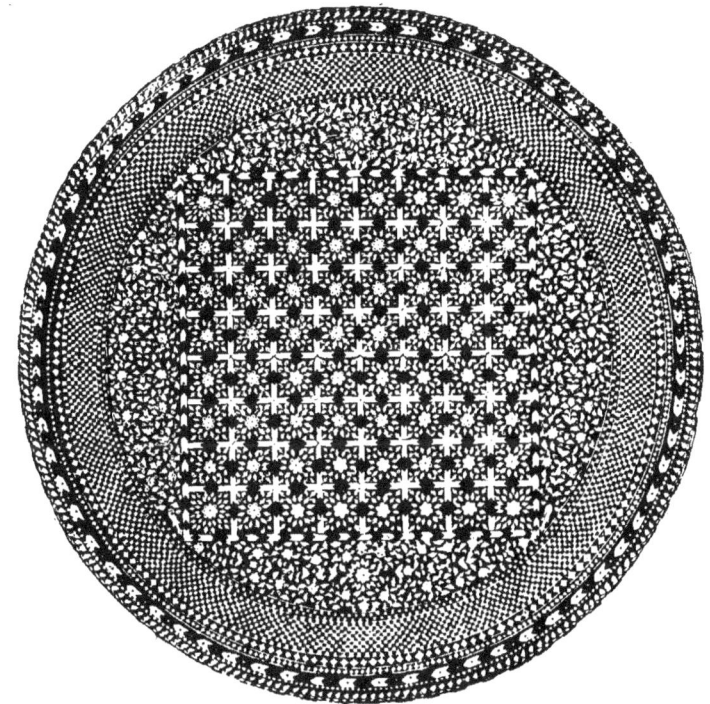

PLATEAU EN BOIS INCRUSTÉ (ART INDIEN.)

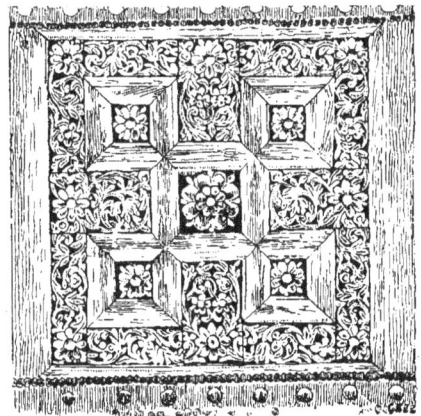

PANNEAU DE LA PORTE PRINCIPALE DE LA GRANDE MOSQUÉE DE KAIROUAN.

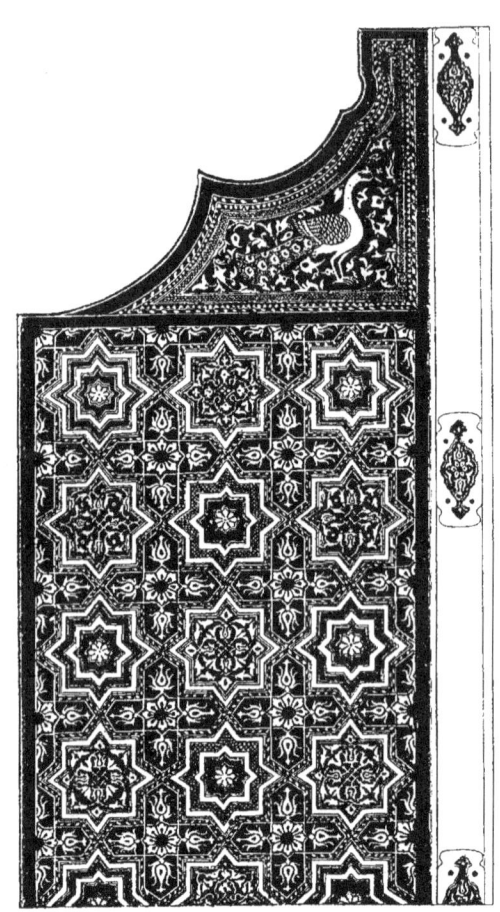

FRAGMENT DE PORTE EN MARQUETERIE (ART INDIEN).

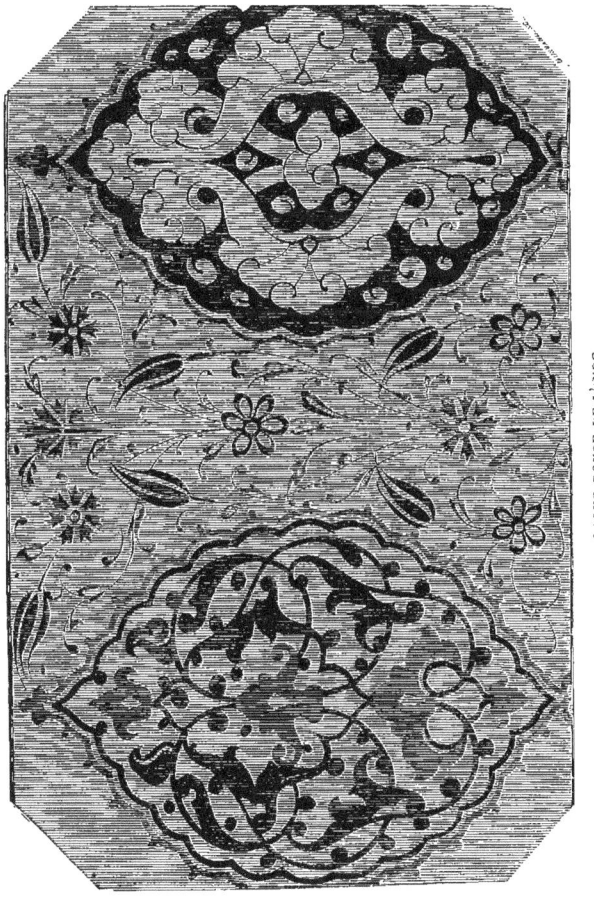

LAQUE ROUGE DE L'INDE.

(Revers d'un guéridon appartenant à M. Jules Boilly.)

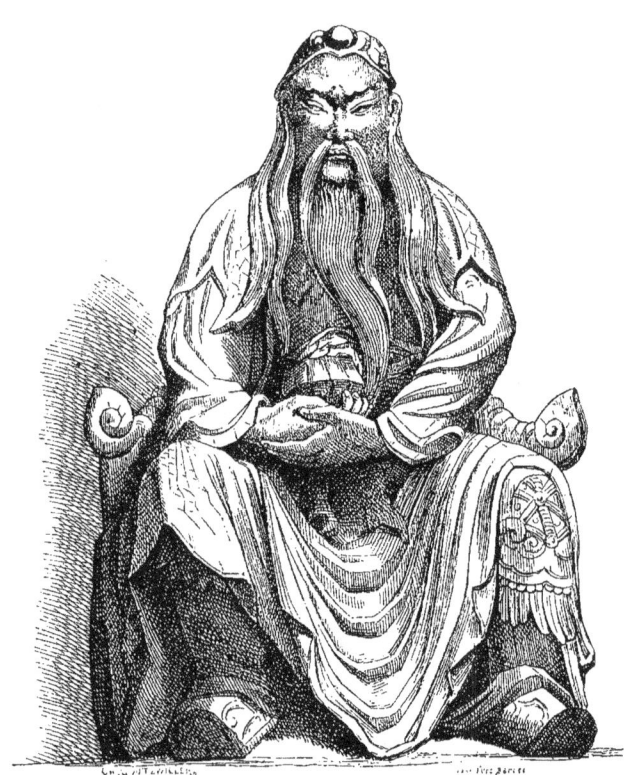

EMPEREUR ASSIS, STATUETTE EN BOIS DU JAPON.
(Collection de M. Cernuschi.)

TABLE DES MATIÈRES

TABLE DES GRAVURES

ARMOIRES

BUFFETS

BUREAUX

ENCADREMENTS

INSTRUMENTS DE MUSIQUE

LAQUES

LITS

PORTES

SCULPTURES SUR BOIS

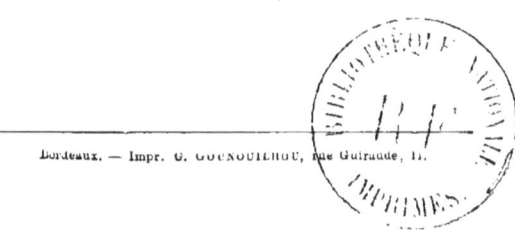

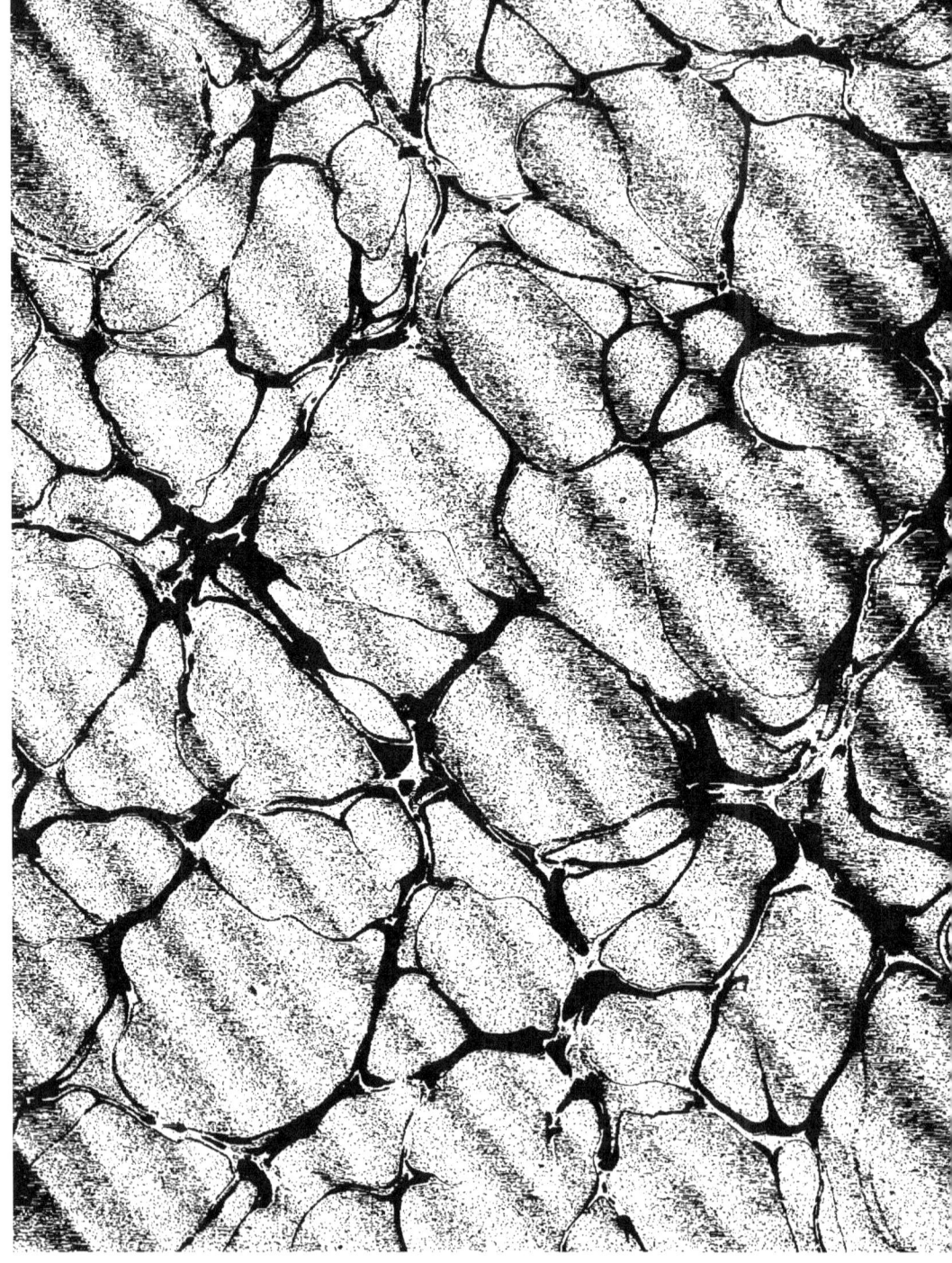

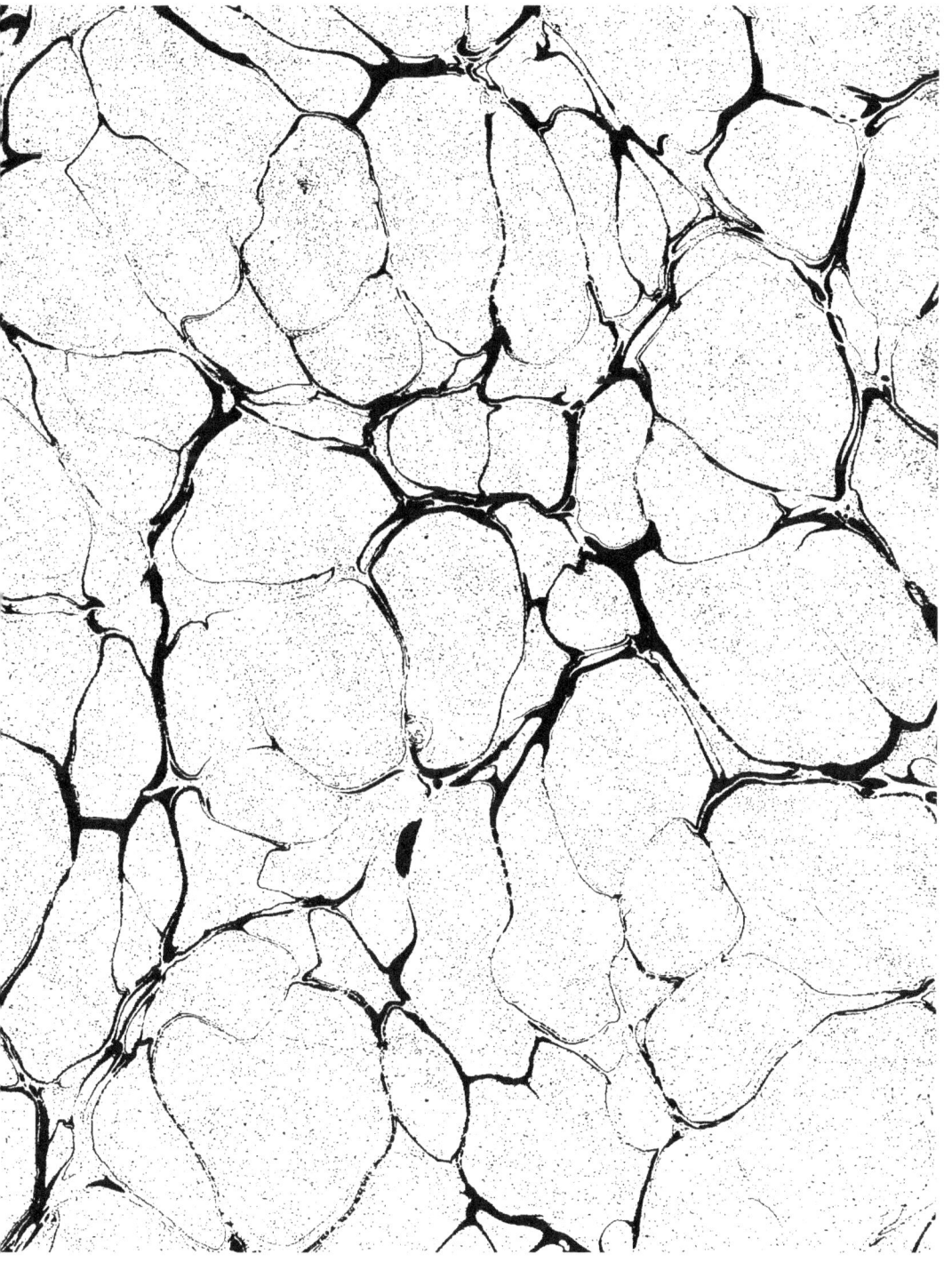

www.ingramcontent.com/pod-product-compliance
Lightning Source LLC
Chambersburg PA
CBHW070955240526
45469CB00016B/887